# 최강의 육아

## ZERO TO FIVE

Copyright ©2014 by Tracy Cutchlow
Korean Translation Copyright © 2018 by The Angle Books Co., Ltd.
All rights reserved.

This Korean edition is published by arrangement with Pear Press c/o Nordlyset Literary Agency through Duran Kim Agency, Seoul.

이 책의 한국어판 저작권은 듀란킴 에이전시를 통한
Pear Press c/o Nordlyset Literary Agency와의 독점계약으로 ㈜앵글북스에 있습니다.
저작권법에 의하여 한국 내에서 보호를 받는 저작물이므로 무단전재와 무단복제를 금합니다.

**트레이시 커크로** 지음
**정세영** 옮김

# 최강의 육아

ZERO to FIVE

0~5세까지 IQ가 높아지고
몸과 마음이 튼튼해지는 절대 원칙 55

Angle Books

시작하며_
## 우리 아이에게 '정말 필요한 모든 것'

**아이를 키우는 부모의 고민은 모두 같다!**

아이를 처음 키우는 부모는 궁금한 게 아주 많죠. 적어도 나는 그랬습니다. 30대 중반이었던 나는 첫 임신을 하기 전 남편과 몇 개월에 걸쳐 아이를 가질지 말지에 대해 끊임없이 이야기했었죠. 그렇게 긴 논의 끝에 결국 아이를 낳기로 결정했지만 우리는 그때까지 '아기'를 가까이에서 직접 접한 경험이 없다는 사실을 깨달았습니다. 편집자이자 기자였던 나는《브레인 룰스》와 같은 세계적 베스트셀러를 편집하고 다방면의 전문 기사를 취재했지만, 아기와 육아에 대해 제가 실제로 아는 것은 생후 5년까지의 아이의 뇌 발달과 그에 맞는 코칭법을 제안한《내 아이를 위한 두뇌코칭》을 편집하며 얻은 지식뿐이었습니다.

그래서 아이를 임신했다는 사실을 앎과 동시에 출산과 육아를 준비하기 위한 실질적인 정보들을 수집하기 시작했습니다. 산모 교실을 찾아다니고 기저귀와 옷, 장난감 같은 아기용품들에 대해 어떤 게 좋을지 하나씩 파고들었죠. 심지어 자전거 타는 게 취미인 저희 부부는 아기용 자전거도 일찌감치 구입해두었습니다. 임신과 출산에 대한 정보가 담긴 책도 잔뜩 사놓고 일일이 검토하면서 자녀 양육에 대해 열심히 준비했죠. 하지만 실제로 아이를 출산해 키워보니 미리 준비하며 읽었던 책은 아무 소용이 없었습니다. 어떤 책도 그날그날 생기는 의문에 대해 즉각 답을 주지 못했으니까요. 이유 없이 아기가 계속 울어대는데 당장 무엇을 해야 할지 도무지 알 수가 없었죠.

아이를 키우는 부모의 고민은 대부분 비슷합니다. 어떻게 하면 재울 수 있을까? 아이를 잘 달래는 비결은 뭘까? 어떻게 하면 모유 수유를 잘할 수 있을까? 아이가 밤에 자다 깨서 울 때는 어떻게 해야 하지? 아이의 두뇌 발달을 위해 무엇을 해야 할까? 인간관계는 어떻게 유지해야 할까? 아이에게 스마트폰이나 컴퓨터를 보여줘도 될까? 밝고 건강하게 키우려면 어떻게 훈육해야 할까….

아기가 태어나고 남편과 나는 무럭무럭 자라는 딸아이에게 감탄하면서 행복한 하루하루를 보냈지만 그만큼 육아에 대한 고민으로 좌절하고 걱정하는 시간도 많았습니다. 어떻게 해야 할지 모를 때는 해결책을 찾으려고 엄청나게 우왕좌왕했죠. 친구나 친정엄마에게 물어도 봤고, 남편이 고개를 절레절레 내저을 정도로 인터넷에서 육아 정보를 샅샅이 뒤지기도 했습니다. 그러다 결국 '이 방법은 내가 시도한 방법 중 최고였다'와 '나한테는 아무런 효과도 없었다'는 정반대의 댓글과 어정쩡한 내용의 육아 기사에 파묻혀 더욱 혼란스러워졌죠. 그럴 때면 책꽂이 앞으로 달려가 아기 발달과 육아에 대한 책을 뒤적였습니다. 책꽂이에는 《내 아이를 위한 두뇌코칭》을 편집할 때 모아둔 참고자료가 빼곡하게 꽂혀 있었습니다. 그 복잡한 용어들로 된 두꺼운 전문서를 노려보듯 읽어 내려가면서 내린 결론은 언제나 하나였습니다.

"과학적인 자료를 바탕으로 실질적인 육아 정보를 읽기 쉽게 정리한, 어느 페이지를 펼쳐도 유용한 책이 있다면 얼마나 좋을까?"

## 아이에게 필요한 '평생 자산' 만들어주기

《최강의 육아》는 그런 생각들을 담아 만들었습니다. 나는 뇌 과학자도, 아동발달전문가도 아니지만 15년간 저널리스트로서 쌓은 경험을 바탕으로 과학적인 연구 자료를 꼼꼼히 검토하여 육아에 지친 부모도 술술 읽을 수 있는 정보를 담으려고 최선을 다했습니다.

거기에 직접 아이를 키우면서 겪은 에피소드도 담았습니다. 흔하디흔한 경험담이지만 '육아는 힘들지만 기쁨과 웃음으로 가득한 일'이라는 메시지가 여러분에게 꼭 전해졌으면 좋겠습니다.

이 책은 주로 생후 5년 동안 부모가 꼭 알아야 할 육아에 초점을 맞췄습니다. 그 시기에 가장 많은 변화가 발생하기 때문이죠. 동작, 언어, 정서, 운동 기능에 관한 한 서른 살과 서른한 살은 그다지 큰 차이가 없습니다. 그러나 한 살과 두 살 사이에는 잠시도 한눈을 팔지 못할 만큼 어마어마한 변화가 일어나죠!

뇌의 90퍼센트 이상은 생후 5년 사이에 발달합니다. 그래서 초반의 몇 년은 아주 중요해요. 이 시기에 부모는 아이가 잘 성장할 수 있도록 삶의 '바탕 작업'을 꼭 해줘야 합니다. 이때 익힌 학습은 아이가 여섯 살이 된 후로 계속 유용하게 쓰이는 '평생 자산'이 되기 때문이죠. 《최강의 육아》에서 다루는 애정, 대화,

생활습관, 놀이, 소통, 훈육, 활동, 여유와 같은 주제는 생후 2개월에도, 두 살에도, 다섯 살에도, 열다섯 살에도, 나아가 쉰 살에도 우리가 살아가는 한 인생에서 매우 중요한 요소들입니다.

《최강의 육아》는 모든 변수를 고려한 실험과, 선입관을 최대한 배제한 과학자들의 연구 결과를 통해 얻은 데이터를 바탕으로 썼습니다. 그래서 질 좋고 엄선된 정보만을 담아낼 수 있었습니다.(본문에 출처를 적어두지 않은 것을 포함한 모든 참고 문헌은 홈페이지www.zerotofive.net에 올려두었습니다.)

그러나 수차례에 걸쳐 이론이 입증되었다 한들 그 방법들이 모두 내 아이에게도 들어맞는다고 단정할 수는 없습니다. 어떤 연구에서 '유아는 하루 열네 시간 동안 자야 한다'는 결론이 나왔다 하더라도, 열한 시간이면 충분한 아이도 있거니와 열아홉 시간을 자야 하는 아이도 있습니다. 최종 보고서는 중간값을 기준으로 통계를 내기 때문이죠.

아이마다 개성이 다르듯 부모도 제각기 다릅니다. 조언대로 했는데 원하던 결과를 얻지 못하는 사람도 있고, 조언에 따르지 않았는데 바람직한 결과를 얻는 사람도 있죠. 어떤 과학적 이론이든 효과를 확인하려면 결국 직접 시도해보는 수밖에 없습니다. 그런 의미에서 이 책은 '길잡이'라 할 수 있죠. 모두가 좋다는 육아법을 따를지, 지금 하는 방법을 유지할지 등 각자의 방법을 확인하는 용도로 활용하기 바랍니다.

다시 말하지만 여기에 나오는 55가지 조언들을 모두 따를 필요는 없습니다. 아이가 태어나면 가능한 한 어깨의 힘을 빼고 마음을 편히 먹으세요. 육아에서는 아주 단순해 보이는 것이 가장 중요합니다. 함께 있을 때 충분히 보살펴주고, 말을 많이 건네고, 단호하면서도 다정하게 훈육하고, 듬뿍 안아주고, 넉넉히 재우면 됩니다. 여기에는 그렇게 하기 위한 요령이 담겨 있습니다. 이 책이 당신의 아이를 행복하고 건강한 아이로, 총명하고 밝은 아이로, 정서가 안정되고 호기심이 풍부하며 사랑받는 아이로 키울 기틀을 마련하는 데 도움이 된다면 그 이상 바랄 게 없습니다.

여러분의 행운을 빕니다!

트레이시 커크로

차례

**시작하며_** 우리 아이에게 '정말 필요한 모든 것' • 4

## 1장
## 아이의 뇌를 쑥쑥 성장하게 하는 애정의 기술

**01** 아이가 할 수 있는 일과 할 수 없는 일은 무엇일까? • 19
   갓 태어난 아이의 놀라운 능력
**02** 정서적 안정감이 아이의 '뇌'를 쑥쑥 성장시킨다 • 24
   부모를 통해 스트레스 대처법을 배운다
**03** 아이의 마음을 차분하게 만드는 방법 • 27
   아이마다 좋아하는 냄새, 소리, 움직임이 따로 있다
**04** 스킨십이 주는 놀라운 효과 • 32
   살을 맞대면 엄마도 아이도 행복해진다
**05** 신뢰를 키우는 섬세한 애착 육아법 • 36
   아이는 부모와 파장을 맞추며 자라난다
**06** '엄마의 무표정'은 아이에게 어떤 영향을 미칠까? • 39
   관심이 부족한 아이는 잘못된 방식으로 시선을 끈다
**07** 집안일을 놀이하듯 즐기며 아이와 유대감을 쌓는다 • 41
   놀이도 하고 생활습관도 기르는 일석이조의 시간

## 2장
## 어휘력과 IQ가 높아지는 대화의 기술

**08** 아이에게 잘 들리는 억양은 따로 있다 · 47
  '부모어'로 아기의 눈을 초롱초롱하게!
**09** 어휘력이 풍부한 아이로 키우려면 어떻게 대화해야 할까? · 49
  36개월까지의 대화가 IQ를 결정한다
**10** 책을 좋아하는 아이로 키우는 방법 · 57
  한 살부터 시작하는 아이의 평생 독서 습관
**11** "와, 잘한다"가 아니라 "열심히 노력했구나!"라고 칭찬한다 · 64
  아이의 사고방식을 결정짓는 칭찬의 비밀
**12** 엄마와 아이의 행복한 교감 '베이비사인' · 72
  의사소통 능력이 쑥쑥! 아이와 함께 베이비사인 만들기
**13** 2개 이상의 언어를 배우면 아이의 언어 습득이 늦어질까? · 78
  아이를 이중언어자로 키우는 효과적인 방법

## 3장
## 기억력과 집중력을 높이는 생활습관

**14** 아이의 두뇌와 몸을 튼튼하게 성장시키는 수면 교육 · 85
  재울 타이밍을 잡는 네 가지 요령
**15** 혼자 잠드는 법을 훈련하는 시기는? · 89
  시기를 놓치면 스스로 잠드는 능력이 낮아진다
**16** 울게 내버려둬도 괜찮을까? · 93
  아이 혼자 잠들기 위한 본격 수면 훈련

17 낮잠! 머리도 마음도 발달시킨다 • 97
　　규칙적인 수면 습관이 문제 행동을 줄인다
18 아이를 스스로 움직이게 하는 '할 일 리스트' • 100
　　"빨리 자!"로는 아이를 재울 수 없다
19 모유 수유를 한다면 놓치지 말아야 할 필수 지식 • 104
　　모유를 먹이면 정말 아이의 두뇌가 좋아질까?
20 '밥 먹이기 전쟁'은 이제 그만! 스스로 밥 잘 먹는 아이의 비밀 • 109
　　아이의 "그만 먹을래"를 존중한다
21 피할 수 없는 기저귀 떼기, 언제 어떻게 시작할까? • 113
　　기저귀 탈출을 위한 효과 만점 배변 훈련법

# 4장
# 상상력과 창의력을 갈고닦는 놀이의 기술

22 아이는 온몸으로 느끼며 배운다 • 121
　　촉각을 활용한 놀이로 두뇌를 튼튼하게!
23 두뇌 발달에는 어떤 장난감이 가장 좋을까? • 123
　　상상력을 자극하는 물건이 최고의 장난감!
24 아이에게 음악을 가르쳐야 하는 이유 • 127
　　감성과 지성을 키우는 인생의 소중한 선물
25 다른 아이에게 장난감을 빼앗겼다면? • 132
　　남을 이해하고 도와주는 방법은 어떻게 가르칠까?
26 아이의 인생을 성공으로 이끄는 자제력의 비밀 • 138
　　자제력을 즐겁게 훈련하는 놀이법
27 목표를 설정하고, 계획하고, 지속하는 능력은 어떻게 키울까? • 148
　　생각하는 힘이 쑥쑥 자라는 연령별 가상 놀이
28 '창의력'을 키우는 아홉 가지 방법 • 155
　　미래 시대의 리더가 되기 위해 꼭 갖춰야 할 능력
29 "왜요?" 질문이 많아지는 네 살은 호기심을 키울 절호의 기회 • 159
　　아이의 창의적인 질문을 어떻게 끌어낼 수 있을까?

# 5장
## 공감력과 사고력을 기르는 소통의 기술

**30** 육아가 거짓말처럼 수월해진다 • 165
절대 모든 일을 혼자서 해내려고 하지 않는다

**31** 배우자와 아이가 행복해지는 공감의 대화법 • 168
사소한 말 한 마디가 가져오는 놀라운 변화

**32** 대화할 때 절대 피해야 하는 네 가지 • 172
행복한 부부 관계를 유지하는 소통의 기술

**33** 아이의 타고난 기질을 알면 육아가 쉬워진다 • 175
순한 아이·예민한 아이·신중한 아이에 맞는 양육법

**34** 일주일에 한 번 가족회의로 문제해결 능력을 키운다 • 183
가족의 행복을 지키는 또 하나의 방법

**35** 아이 앞에서는 스마트폰을 내려놓는다 • 187
아이는 부모의 얼굴을 보며 마음을 읽는 연습을 한다

**36** 만 두 살 까지 이상적인 TV 시청 시간은 '제로' • 191
왜 TV를 보여주지 말아야 할까?

**37** 언제, 어떤 방식으로 TV나 동영상을 보여줘야 할까? • 195
아이에게 도움이 되는 좋은 프로그램 고르는 법

**38** 전문가들은 자녀의 미디어 시청을 어떻게 지도할까? • 203
현명한 부모를 위한 우리 아이 영상 시청 가이드라인

**39** 문제에 유연하게 대처하는 아이로 키우려면? • 209
아이 스스로 문제를 해결하는 능력을 키우는 네 가지 방법

# 6장
# 독립심과 자제력을 키우는 훈육의 기술

**40** 아이의 기질에 맞는 훈육법은 따로 있다 • 215
　부모가 아이를 양육하는 네 가지 방식
**41** 훈육이란 '규칙을 가르치는 것'! • 221
　아이 스스로 지키는 규칙을 정하는 네 가지 방법
**42** 떼쟁이 아이의 행동에 대처하는 감정조절법은? • 227
　우선 부모 자신의 감정부터 파악한다
**43** 아이의 화난 감정을 길들이려면 이름을 붙여라 • 230
　아이가 스스로의 감정을 확인하도록 돕는 방법
**44** 아이의 말대답, 거짓말, 사람을 때리거나 싸울 때 통하는 훈육의 기술 • 236
　당신의 훈육이 실패할 수밖에 없는 이유
**45** 이성을 잃지 않고 논리적으로 훈육하는 세 가지 방법 • 248
　아이의 선택을 통해 학습하게 한다
**46** 아이의 버릇없는 행동에 신속하게 대처하는 부모의 자세 • 252
　잘못된 행동은 초기에 잡는다
**47** 독립심과 자제력을 키우는 규칙적인 일과의 힘 • 258
　'체크리스트'로 소리치지 않는 평화로운 아침 시간을!
**48** 왜 "네 방에 가서 반성해!"로는 효과가 없을까? • 261
　소리치지 않고 상처주지 않고 아이를 변화시키는 훈육법
**49** "안 돼!"가 아니라 "더 좋은 방법은 없을까?"라고 묻는다 • 267
　아이의 자존감을 짓밟는 말투는 피하자

## 7장
### 몸과 마음이 튼튼해지는 운동 습관

**50** 이리저리 흔들흔들, 균형감각을 자극하면 뇌가 발달한다 • 273
　　아이의 균형감각을 키우는 간단한 놀이
**51** 한 시간에 15분, 아이도 엄마도 '움직이는 시간'을 갖는다 • 276
　　일상생활에서 몸을 건강하게 움직이는 방법

## 8장
### 아이와 부모가 행복하게 성장하는 느림의 기술

**52** '지금'에 집중하면 뇌가 성장한다 • 285
　　행복감과 자존감을 높이는 아이의 '걷기 명상'
**53** 남과 비교하는 것은 아무 의미가 없다 • 291
　　아이들은 저마다의 속도로 다르게 성장한다
**54** 워킹맘과 전업주부, 어느 쪽이 좋을까? • 293
　　수입이 줄어도 즐겁게 생활하는 요령
**55** 육아란 근사한 여행! 아이가 선물한 시간을 마음껏 즐긴다 • 298
　　속도를 늦추면 함께 있는 시간이 더 즐거워진다

**마치며_** 지도가 있으면 원하는 곳으로 가기 쉬워집니다 • 303

1장

# 아이의 뇌를
# 쑥쑥 성장하게 하는
# 애정의 기술

# 01

## 아이가 할 수 있는 일과
## 할 수 없는 일은 무엇일까?

**갓 태어난 아이의 놀라운 능력**

### 가르쳐주지 않아도 아이는 할 수 있다

갓 태어난 아기의 뇌는 쉬지 않고 활동한다. 주변의 모든 자극과 정보들을 마치 스펀지처럼 흡수한다. 아기들은 이렇게 쌓인 정보들을 타고난 인지 능력을 최대한 활용해 파악하고 가설을 세우며 실험을 반복한다.

간혹 아이가 부모를 시험하고 있는 것 아닐까, 혹은 우리 아이가 초능력을 가진 것은 아닐까, 심하게는 천재가 아닐까 하는 생각이 들 때가 있다. 잠시 눈을 떼는 그 틈을 눈치채고 아이가 울어버린다든지, 아이 몰래 숨겨둔 물건을 찾아낸다든지, 아빠가 초인종을 누르기 전에 이미 알고 있다든지 등등 아이를 키우다 보면 놀라운 일들이 정말 많이 일어난다.

하지만 그것은 놀랄 일이 아니다. 모든 아이는 태어날 때부터 저마다 많은 능력을 가지고 태어나니까. 그리고 그 능력은 무한하다. 특별히 가르쳐주지 않아도 많은 일을 할 수 있는데, 예를 들면 이런 것들이 있다.

### • 태어나자마자 모방할 수 있다

갓 태어난 아기는 자기 얼굴을 본 적이 없을뿐더러 얼굴이 무엇인지조차 모르는데도, 태어난 지 한 시간이 채 되기 전부터 누군가 아이에게 혀를 내밀어 보이면 흉내를 내며 자기 혀를 내민다.

### • 나쁜 사람을 피할 수 있다

실험에서 생후 6~10개월 된 아기에게 공연 한 편을 보여주었다. 장난감 A가 장난감 B를 도와주며 언덕에 올라갔는데, 장난감 C가 장난감 B를 밀어서 언덕 아래로 떨어뜨리는 내용이었다. 공연이 끝난 후 연구자가 도움을 준 장난감 A와 훼방을 놓은 장난감 C를 아기가 있는 방에 두었더니 대부분 장난감 A에 손을 뻗었다.

### • 상대방의 행동을 예측할 수 있다

생후 9개월 된 아기가 물건에 손을 뻗을 때는 뇌의 운동 영역이 활성화된다. 이 월령의 아기는 어른이 물건에 손을 뻗는 모습을 보기만 해도 같은 영역이 활성화되는데, 놀라운 것은 같은 어른을 다시 만나면 손을 뻗기도 전에 행동을 예측해서 운동 영역이 활성화된다는 것이다.

### • 확률을 바탕으로 추측할 수 있다

실험에서 생후 10~12개월 된 아기에게 분홍색과 검은색 사탕 중 좋아하는 색 사탕을 고르게 했다. 그리고 아기에게 분홍색 사탕이 더 많이 든 병 하나와 검은색 사탕이 더 많이 든 병 하나를 보여주었다. 그런 다음 어떤 색 사탕을 꺼내는지 아기에게 보여주지 않고 각각의 병에서 사탕을 하나씩 꺼낸 후 불투명한 컵 두 개로 따로따로 덮었다. 그러자 80퍼센트 이상의 아기가 자신이 좋아하는 색 사탕이 들어 있을 확률이 높은 쪽 컵을 선택했다.

### • 한 번 경험한 일을 기억할 수 있다

한 실험에서 건드리면 불이 들어오는 상자를 준비했다. 실험자는 아기에게 상자를 관찰하게 한 다음 아기의 허리를 받치고 이마로 상자를 건드리게 했다. 1주일 후, 실험실에 온 아기의 3분의 2가 그 경험을 기억하고는 스스로 상자에 다가가 이마를 가져다 댔다. 이처럼 14개월 된 아기는 한 번 했던 일을 똑같은 상황에서 1주일 후에 반복할 수 있다. 기간을 더 늘려서 실험해본 결과 4개월 후까지 기억하는 아기도 있었다.

### • 다른 사람의 취향을 이해할 수 있다

한 실험에서 연구자가 생후 18개월 된 아기 앞에서 익히지 않은 브로콜리를 먹으며 맛있다는 표정을 짓고, 유아용 과자를 먹으며 맛없다는 표정을 지었다. 그 후 연구자가 손을 내밀며 "나한테 먹을 것 좀 줄래?" 하고 부탁했다. 그러자 아기는 자기가 좋아하는 과자가 아닌 익히지 않은 브로콜리를 건넸다. 반면 그보다 어린 15개월 된 아기를 대상으로 같은 실험을 한 결과, 항상 자기가 좋아하는 음식인 과자를 건넸다.

### • 통계를 낼 수 있다

아기는 주위의 환경으로부터 소리, 영상, 언어 등 모든 것을 흡수하고 그 일이 일어나는 빈도를 계산한다. 가령 언어를 인식할 때는 몇 번째 음절까지 들어야 단어가 명확해지는지 알아내기 위해 통계를 사용한다.

### • 학습할 수 있다

아기의 뇌는 여러 곳에서 들어오는 정보를 한꺼번에 흡수하고, 어른보다 훨씬 더 많은 대량의 신경전달물질을 방출하기 때문에 바로 그 자리에서 학습이 가능하다. 영·유아기의 아이는 과학자 못지않게 가설을 세우고, 세상과 인류를 대상으로 실험을 한다.

## 말은 못 해도 이해는 한다

나는 아이가 태어나고 매일매일 "우리 딸이 이런 것을 할 수 있다니!", "이런 것도 기억할 수 있어!" 하고 감탄했다. 사람들은 갓 태어난 아이는 먹고 자는 일 말고는 아무 일도 못한다고 생각하곤 한다. 따라서 말문이 트이기 전까지는 말을 걸어도 이해하지 못한다고 여기기 쉽다. 하지만 아이들은 다 알아듣는다.

예를 들어 나는 우리 딸이 생후 10개월일 때 셔츠를 입히면서 "소매에 팔을 넣어줄래?"라고 말하며 옷을 갈아입혔다. 그랬더니 얼마 지나고 나서 아이가 그 말을 비슷하게 따라 하기 시작했다. 또 남편과 나는 기저귀를 갈 때마다 "엉덩이에 연고 바르자!" 하고 말했는데 말문이 트이기 시작한 순간부터 기저귀를 가는 내내 "엉덩이에 연고!"를 반복했다. 20개월 때는 딸이 좋아하는 그림책을 천천히 매일 읽어줬더니, 내가 막 읽기 시작한 문장의 뒷부분을 따라 말해서 깜짝 놀란 일도 있다.

이 글을 읽고 지금까지 아이에게 무의식적으로든 아니든 했던 말을 떠올리며 '그런 말은 하지 말 걸' 하고 후회해도 이미 엎질러진 물이니, 이제부터라도 아이에게 좋은 말, 아이가 듣고 싶은 말을 자주 해주자. 아이를 과소평가하지 말고 끊임없이 한계를 시험해보자. 분명 어느 순간 감격할 일을 만나게 될 것이다.

## 02

# 정서적 안정감이
# 아이의 '뇌'를 쑥쑥 성장시킨다

**부모를 통해 스트레스 대처법을 배운다**

## 뇌는 '안전한 환경'에서 성장한다

아기의 가장 큰 욕구는 부모와 함께 있을 때 안전하다고 느끼는 것이다. 아기는 환경에 매우 민감하다. 따라서 아이에게 안전하고 애정이 가득하며 정서적으로 안정된 환경을 갖춰주는 것은 매우 중요하다.

안전한 환경은 아기의 뇌에 건강한 스트레스 반응체계를 발달시키고 스트레스 호르몬을 필요에 따라 효율적으로 조절하게 한다. 스트레스 호르몬이 균형을 이루면 학습과 이해에 필요한 신경회로가 보호되며, 심혈관계와 면역계가 정상적으로 작동한다.

또한 가족의 따뜻하고 안정적인 보살핌은 스트레스가 주는 부정적인 영향력을 완화한다. 아이가 따뜻한 보살핌 속에 있다면 "셔츠는 싫어! 드레스 입을래!", "브로콜리 먹기 싫어!"와 같은 ==생활 속에서 일어나는 사소한 스트레스가 도리어 아이에게 성장의 기회가 된다.== 동시에 부모가 스트레스에 건강하게 반응하는 모습을 보고 자란 아이는 이를 통해 스트레스에 올바르게 대처하는 방법을 학습하기도 한다.

반면에 갈등이 심한 가정에서 자란 아이는 스트레스 반응체계가 손상을 입어 항상 경계 태세를 취하거나 스트레스에 지나치게 둔감해진다. 그러면 아기는 부모와 정서적인 신뢰 관계를 만들지 못하기 때문에 이후에도 공격적인 성향을 보이거나 비행을 저지를 가능성이 커진다. 따라서 부모가 안정적이고 따뜻한 환경을 제공하는 것은 아이의 미래를 좌지우지할 만큼 매우 중요하다.

## 부부 싸움을 할 때 꼭 지켜야 할 원칙

놀랍게도 아이는 부모의 갈등이나 싸움, 집 안 분위기를 금세 알아차린다. 생후 6개월 미만의 아기라도 뭔가가 이상하다고 느끼면, 혈압과 심장 박동수가 올라가고 스트레스 호르몬인 코르티솔 수치가 높아진다. 보통 아이가 스트레스를 받아 코르티솔 수치가 높아지는 요인은 월령에 따라 다음과 같이 달라진다.

- **신생아**: 안기만 해도 코르티솔 수치가 상승한다.
- **3개월**: 안아 올린다고 스트레스를 받지는 않지만, 의사의 진찰에는 스트레스를 받는다.
- **6개월**: 의사의 진찰과 주사에 대한 코르티솔 반응이 줄어든다.
- **9개월**: (신뢰하는) 베이비시터와 단둘이 있어도 코르티솔 수치는 거의 높아지지 않는다.
- **13개월**: 코르티솔 수치가 올라가지 않은 상태로 화낼 수 있다.

그렇다고 아이 앞에서는 절대 싸우지 말아야 한다는 말은 아니다. 부모의 다툼이 아이의 뇌 발달을 늘 저해하는 건 아니니까. 물론 배우자와 싸울 때 상대를 위협하고 상대에게 욕설을 퍼붓거나 폭력을 휘두르면 아이의 마음은 크게 다친다. 하지만 **배우자와 다툴 때 조금이라도 상대방에 대한 애정을 보여준다면** 아이는 부모에게서 관계를 조화롭게 유지하면서 갈등에 대처하는 능력과 의지를 학습하기도 한다.

## 03

## 아이의 마음을
## 차분하게 만드는 방법

아이마다 좋아하는 냄새, 소리, 움직임이 따로 있다

### 태아는 엄마의 노래와 말소리를 듣고 있다

한 연구에서 임산부가 그림책의 일부를 3분간 낭독하는 실험을 했다. 임산부는 출산 6주 전부터 출산 직전까지 같은 책을 매일 두 차례씩 조용한 장소에서 소리 내어 읽었다. 그리고 아기가 태어난 후 기계가 부착된 고무젖꼭지를 물리고 빠는 강도를 측정했다. 그러자 뱃속에 있을 때 엄마가 읽어준 책을 낭독하면 고무젖꼭지를 강하게 빨았고 다른 책을 낭독하면 빠는 힘이 약해졌다. 아기는 뱃속에서 엄마가 들려준 이야기, 혹은 적어도 익숙한 리듬이나 억양을 듣고 싶은 것이다.

당신의 아이도 마찬가지다. 뱃속에서부터 들었던 익숙한 단어나 노래를 들으면 편안해한다. 갓 태어난 신생아일수록 젖꼭지를 더 세게 빤다는 결과도 있다. 아기가 태어나면 곧바로 뱃속에 있을 때 들려주었던 이야기를 읽어주자. 그렇다고 임신 기간 내내 책을 낭독할 필요는 없다. 임신 28주 전까지의 태아는 청각이 없기 때문이다.

엄마 대신 아빠가 동화책을 읽어주는 경우도 있다. 남편 역시 출산하기 전 두 달 동안 밤마다 내 배에 대고 그림책을 읽어주었다. 그런데 우리도 한참 후에야 안 사실이지만, ==사실 태아에게는 아빠의 목소리가 들리지 않는다.== 태아는 엄마의 목소리만 들을 수 있다. 엄마 몸 안에서 증폭된 목소리는 심장 박동이나 여러 잡음과 섞여서 자궁 안의 태아에게 도달하지만, 아빠의 목소리는 뱃속까지 다다르지 못한다.

그렇다고 아빠는 아이에게 이야기를 할 필요조차 없다는 이야기는 아니다. 뱃속에 있던 딸아이는 아빠 목소리를 듣지 못했지만, 태아에게 그림책을 읽어주는 시간 동안 우리 부부의 애정과 유대감은 더욱 돈독해졌다. 그리고 남편이 읽어주었던 그림책은 딸이 태어난 후에 가장 좋아하는 '잠자리 동화'가 되었다.

## 낯선 곳에서도 '이것'만 있으면 안심!

신생아는 다양한 이유로 운다. 배가 고파서, 뱃속에 가스가 차서, 졸려서, 더워서, 추워서, 기저귀가 젖어서…. 그리고 그 모든 것을 확인했는데도 왜 우는지 알 수 없을 때가 있다. 우는 이유를 매번 정확히 알아내서 해결해줄 수는 없지만 우는 아기에게 안도감을 줘서 울음을 그치게 하는 방법은 있다.

### • '엄마 냄새'

한 연구에서 신생아가 우는 방식을 관찰하려고 태어난 지 30분 된 아기를 엄마와 1시간 동안 분리하는 실험을 했다. 그리고 우는 아이 중 일부에게 엄마의 양수를 손수건에 묻혀 냄새를 맡게 했다. 그러자 엄마의 양수 냄새를 맡게 한 아기들은 우는 시간이 30초 이하였고, 냄새를 맡지 않은 아기는 2분 이상 울음이 이어졌다.

신생아에게는 엄마의 양수 외에도 익숙한 냄새가 있다. ==이른바 '엄마 냄새'다. 임신 7개월이 되면 태아는 엄마의 냄새를 기억한다.== 엄마의 체취는 물론 밤마다 배에 바르던 로션 냄새도 엄마 냄새에 해당된다. 태어나고 나면 얼마 지나지 않아 '아빠 냄새'에서도 친숙함을 느낀다.

따라서 발뒤꿈치를 찔러 채혈하는 것과 같은 상황이 오더라

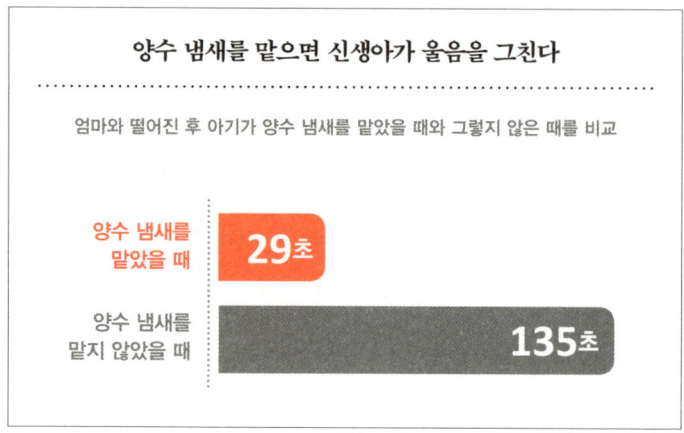

도 익숙한 냄새를 맡게 하면 울거나 보채는 정도가 줄어든다. 모유 수유를 하는 아기에게는 모유 냄새도 효과적이다. 실험에서는 아기의 코 밑에 바닐라 향을 가져다 댔더니 효과가 있었다.

• **뱃속에서 들었던 소리**

임신 28~41주에 엄마가 자주 들려준 노래나 이야기가 있다면 갓 태어난 아기를 안심시킬 때 그 노래나 이야기를 이용하면 효과적이다.

• **익숙한 몸의 리듬**

아기를 엄마 몸에 밀착시킨 상태로 걸으면 아기는 뱃속에 있을 때 느꼈던 익숙한 리듬을 느끼며 편안해한다.

## 아기의 울음을 그치게 하려면?

생후 3개월까지는 '임신 4기'라고도 불린다. 아기는 머리가 산도를 빠져나올 수 있을 때 태어나야 하기 때문에 다른 영장류에 비해 미성숙한 상태로 세상 빛을 본다. 따라서 이 시기에는 신생아가 엄마 뱃속 밖의 생활에 쉽게 익숙해지도록 자궁과 비슷한 환경, 즉 소음이 많고 아늑하며 따뜻한 환경을 만들어주는 게 좋다.

UCLA의 소아과 전문의이자 아동발달전문가인 하비 카프는 갑작스럽게 바깥세상으로 나와 큰 혼란을 느끼는 신생아들에게 엄마 뱃속 환경을 재현하면서 아기를 안심시키는 다섯 가지 '스위치'를 발견했는데, 그 '스위치'는 다음과 같다.(자세한 내용은 하비 카프의 책《엄마 뱃속이 그리워요》를 참조하자.)

— **스위치 1.** 감싸기: 담요로 만드는 엄마 뱃속 환경과 비슷한 환경

— **스위치 2.** 옆으로 또는 엎드려 눕히기: 아기가 안정감을 느끼는 자세

— **스위치 3.** '쉬' 소리내기: 아기의 긴장을 풀어주는 소리

— **스위치 4.** 흔들기: 아기가 엄마 뱃속에서 느꼈던 리듬

— **스위치 5.** 빨기: 아기의 배고픔을 달래주는 행동

---- 04 ----

# 스킨십이 주는
# 놀라운 효과

**살을 맞대면 엄마도 아이도 행복해진다**

## 스킨십이 스트레스 수치를 낮춘다

태어난 후 몇 달 동안은 끊임없이 아기와 스킨십을 하자. 뱃속에서 엄마의 체온과 심박동을 함께 나누었던 아이들은 엄마와 살을 맞대면 그때로 돌아가 안정감을 느끼며 기분이 좋아진다.

==또한 애정 어린 스킨십은 인지 발달과 정서 안정에 필수적이다.== 스킨십은 신경전달물질을 방출하여 신경계를 안정시키는 효과가 있어서 아기의 코르티솔 수치, 즉 스트레스 호르몬의 수치를 낮아지게 한다. 쉽게 말해, 부모와의 스킨십이 아이의 뇌에 '안전하다는 신호'를 전달하는 것이다.

며칠 동안 스킨십을 받지 못한 아기는 최악의 경우 허공만 멍하니 처다보게 된다. 뇌의 스트레스 반응체계가 손상되어 아이에게 계속해서 악영향을 미친 것이다.

## 스킨십을 잘하는 방법

아기가 태어나면 첫 몇 주 동안은 수유하기, 트림시키기, 낮잠 재우기, 기저귀 갈기 등 아기의 생존을 지키는 일에 급급하느라 정신이 없다. 그래도 하루 중 언젠가는 '이제 뭘 해줘야 하지?' 싶을 때가 있게 마련이다. 그럴 때는 흔들침대에 눕혀 모빌을 보여주는 대신 스킨십을 하자.

### • 피부와 피부를 직접 맞댄다

기저귀만 찬 아기를 엄마나 아빠의 맨가슴에 얹힌다. 침대에서도 똑같은 방식으로 안아준다. 집에서 수유할 때는 상의를 벗고 엄마의 체온으로 아기를 따뜻하게 해준다. 추우면 아기와 함께 담요를 두르자. 발뒤꿈치를 채혈하거나 주사를 맞을 때도 피부를 맞대거나 안아주면 아기의 스트레스가 줄어든다.

### • 어디서든 몸을 밀착시킨다

집안일이나 쇼핑, 산책을 할 때는 침대에 눕혀놓거나 유모차를 사용하기보다는 부드러운 소재로 된 캐리어형 아기띠나 슬링을 이용해 아기를 몸에 밀착시키자. 물론 이건 출산 후 몸을 완전히 회복한 다음의 이야기다. 유모차는 짐이 많을 때나 아기의 체중이 늘어난 다음으로 미뤄두자.

### • 하루 한 번 8분 마사지

매일 8분 동안 마사지를 받은 생후 4개월 된 아기는 아래와 같은 효과를 보이는데, 나는 아기에게 마사지를 해주면 엄마에게도 똑같은 효과가 나타난다고 생각한다.

— 불안과 스트레스가 적다.
— 주의력이 높다.
— 수면 패턴이 일정하다.

마사지는 등에서 시작해 배의 순서로 하고 너무 약하지 않게 적당히 힘을 주어 문질러준다. 아기 마사지는 원래 인도의 오래된 관습이다. 엄마가 다리를 쭉 뻗고 그 위에 아기 등이 하늘을 향하게 엎어놓은 다음 베이비오일을 바른 손을 비벼서 따뜻하게 한 후 힘차게 마사지한다. 어느 정도의 강도가 적당한지는 유튜브 등에 올라온 베이비마사지 동영상을 참고하자.

**마사지하는 동안에는 아기에게 말을 걸거나 노래하거나 미소**

를 건네자. 아무 말 없이 냉랭하게 마사지하면 아기의 스트레스만 높아질 뿐이다. 마사지 중 아기가 싫어하는 듯한 반응을 보인다면 마사지 강도를 조절하거나 다음에 다시 시도해보자. 아기는 지금 쉬고 싶은 건지도 모른다.

**최강의 육아 플러스**

### 캥거루 케어

아기 캥거루가 클 때까지 엄마의 뱃속 주머니에서 엄마를 직접 느끼며 자라듯, 출산 직후 아이가 안정감을 느낄 수 있도록 엄마와 아이가 맨살을 맞대며 하는 스킨십을 '캥거루 케어'라고 한다. 캥거루 케어는 아이에게 안정감을 주고 엄마와 아이를 교감하게 만든다. 또한 아이의 면역력에도 도움이 된다고 알려져 있다.

특히 미숙아로 태어난 아기와 엄마에게 캥거루 케어를 매일 지속하게 한 다음, 생후 6개월부터 열 살까지의 경과를 추적 관찰한 결과, 인큐베이터에서 자란 미숙아에 비해 스트레스에 효율적으로 대처했고 수면 패턴이 일정했다. 또 특정한 문제를 해결하기 위한 최선의 전략을 계획하고 실행하는 '실행 기능Executive function'도 더 뛰어났으며 엄마들도 불안감을 덜 느꼈다.

## 05
## 신뢰를 키우는
## 섬세한 애착 육아법

아이는 부모와 파장을 맞추며 자라난다

### 아기는 자기를 흉내 내면 즐거워한다

아기는 부모의 관심을 끊임없이 받고 싶어 한다. 그래서 이것저것 다양한 행동들을 보여주는데, 아이가 무언가 행동을 취하면 그 동작을 그대로 따라 해보자. 이런 '공 주고받기 식'의 교류가 아기 뇌를 구축하는 바탕이 되어 스트레스 조절, 공감 능력 향상, 정서 안정에 도움을 주며 뇌를 발달시키기 때문이다. 아기는 부모가 다음과 같이 따라 해주면 좋아한다.

— 표정을 똑같이 흉내 낸다.
— 아기가 작은 소리를 낼 때 다정한 목소리로 반응해준다.

— 아기가 쳐다보면 지긋이 눈을 맞춘다.

다만, 아기에게는 휴식도 필요하다. 내 딸아이가 태어난 지 얼마 되지 않았을 무렵, 아이를 매트에 눕혀 놓고 환하게 미소 짓거나 다정하게 말을 걸었는데 갑자기 아이가 얼굴을 왼쪽으로 돌리더니 멍하니 먼 곳을 바라보는 것이었다. 나는 당황해서 "우리 딸, 왜 그래?" 하고 말을 건넨 후에야 예전에 책에서 읽었던 기억이 떠오르며 의문이 풀렸다. 아기는 자극이 너무 많으면 다음과 같은 행동으로 자신의 의사를 전달하려고 한다.

— 고개를 돌린다.
— 눈을 감는다.
— 시선을 피한다.
— 몸에 힘을 준다.
— 갑자기 칭얼거린다.

행동을 보니 아이는 쉬고 싶은 게 분명했다. 이유를 알았으니 이름을 부르거나 눈앞에 대고 손을 흔들거나 하지 않고 잠시 기다리기로 했다. 딸아이는 몇 초 지나지 않아 내 쪽으로 고개를 다시 돌리더니 원래 상태로 돌아왔다.

## 섬세한 육아가 신뢰를 싹 틔운다

아기가 조용할 때는 참을성 있게 기다려주고, 소통하고 싶어 할 때 소통해주는 것이 섬세한 육아다. 엄마는 아이와 파장을 맞춰 아이가 보내는 신호를 재빨리 알아차리고 즉각 반응해주자. 섬세한 보살핌을 받으며 자란 아이는 부모와 신뢰 관계, 즉 안정적인 애착을 형성한다.

평소에 아기의 '소통하고 싶다', '안도감을 느끼고 싶다'는 신호를 무시하거나 거부하는 부모는 아이와의 신뢰 관계를 제대로 만들 수 없다. 애착은 아기와 엄마가 항상 몸을 밀착시키는 것만으로는 생겨나지 않는다.

**애착의 예**

| 안정 애착 | 불안정 애착 |
| --- | --- |
| 안전함을 느끼고 위안을 얻으려고 엄마에게 다가간다. | 힘들 때 엄마를 외면한다. |
| 세상을 탐색할 때 엄마를 안전기지로 삼는다. | 엄마에게 다가왔다가도 밀쳐내는 등 상반된 행동을 번갈아 보인다. |

## 06

## '엄마의 무표정'은 아이에게 어떤 영향을 미칠까?

**관심이 부족한 아이는 잘못된 방식으로 시선을 끈다**

### 반응하지 않으면 아기는 활기를 잃는다

엄마와 아기의 파장이 잘 맞으면 생체 리듬도 비슷해진다. 예컨대, 엄마와 아이가 얼굴과 얼굴을 마주보고 있으면 둘의 심장 박동이 1초 미만까지 맞춰진다.

부모가 파장을 맞춰주지 않으면 아기는 스트레스를 느낀다. 하버드 대학교의 에드워드 트로닉 박사는 관심을 받고 싶어 하는 아기를 엄마가 무표정하게 바라보는 실험을 했다. 아기가 웃음을 짓거나 손짓을 하거나 팔을 흔들거나 높고 날카로운 소리를 내는 등 이런저런 시도를 하는 상황에서 일부러 엄마는 아무런 반응도 하지 않았다. 그러자 아기는 다른 쪽으로 고개를 돌리거나 울거나 활기를 잃어버렸다. 이후 엄마가 무표정한 연기를 멈춰도 관계는 쉽게 원래대로 되돌아가지 않았다. 일정 시간이 지난 후에야 다시 신뢰를 되찾으면서 관계가 회복되었던 것이다.

부모와 아이의 신뢰 관계는 여러 해 동안 이런 과정을 거치면서 형성되기도 하고 파괴되기도 한다.

## 긍정적인 관심이 포인트!

아이가 잘못된 방식으로 시선을 끌려고 할 때가 있다. 예를 들어, 벽에 머리를 계속해서 부딪치거나 물건을 마구잡이로 집어 던지는 등의 행동을 할 때인데, 아이는 부모의 관심이 부족하다고 느낄 때 이런 행동을 하는 경우가 있다.

가족 구성원이 아이에게, 그리고 다른 가족들에게 보여주는 웃음, 윙크, 격려의 말은 긍정적인 분위기를 형성하고 아이가 부모의 사랑과 관심을 받고 있다는 것을 느끼게 하는 데 도움이 된다. ==긍정적인 관심을 충분히 보이면 아이는 잘못된 방식으로 주목받으려 하지 않는다.==

## 07

## 집안일을 놀이하듯 즐기며 아이와 유대감 쌓는다

놀이도 하고 생활습관도 기르는 일석이조의 시간

**청소도 쓰레기 버리기도 놀이하듯 즐겁게!**

아이와 함께 집안일을 하면 훨씬 오랜 시간이 걸리고, 나중에 더 많은 뒤치다꺼리가 생길 수도 있지만, 그래도 상관없다. 부모의 일에 아이를 참여시키면, 일방적으로 가르치는 것보다 삶을 살아가는 데 필요한 많은 것을 알려줄 수 있다. 동시에 일상에서 사용하는 다양한 말을 건넬 수도 있어 아이의 언어가 풍성해진다.

특히 아이와 함께 집안일을 하면 소중하게 간직하고픈 추억을 함께 쌓아 갈 수 있다. 밀가루를 온 방 안에 날리고, 엄마나 아빠를 따라다니며 청소기를 사용해보고, 쓰레받기에 쓰레기를 담지 못해 안간힘을 쓰는 모습을 상상해보라. 생각만 해도 즐겁지 않은가? 내가 아이와 함께 집안일을 할 때 사용했던 방법을 몇 가지 소개한다.

## • 함께 요리하기

아직 앉거나 서지 못하는 아이라면 아기띠를 이용해 아이를 안고 주방을 구경시켜준다. 아이를 안고 그릇이 달그락거리는 소리나 칼로 도마를 치는 소리를 들려주기도 한다.

아이가 크면, 아기용 식탁 의자나 디딤대를 활용해 아이와 식탁이나 주방에서 함께 간단한 요리를 해본다. 음식에 들어가는 식재료를 하나하나 설명해주고 만지거나 맛보게 한다. 함께 식재료를 씻거나 포장지를 벗겨서 버리거나 재료를 냄비에 넣거나 반죽을 섞는 일도 할 수 있다. 어린이용 안전칼을 이용해 재료들을 직접 썰어볼 수도 있다. 블록이나 소꿉놀이 세트와 같은 장난감을 활용해 부모가 주방에서 하는 일들을 설명해주고 함께 해볼 수도 있다.

딸아이는 내가 요리하면서 주는 재료들을 한 번씩 갉아 먹는 것을 좋아했다. 또 반으로 자른 레몬을 틀에 놓고 자신이 직접 짜거나 믹서에서 재료들이 빙글빙글 돌아가는 모습을 구경하는 것을 좋아했다. 믹서 버튼을 누르기 전 우리는 함께 "요란한 소리가 날 거야. 하나, 둘, 셋!" 하고 말하며 춤을 추곤 했다. 이렇게 함께 만든 채소 주스는 아이도 잘 마셨다.

다만, 아이와 함께 주방에 있을 때 불이나 뜨거운 물, 날카로운 칼을 사용하거나 가까이 하는 일은 매우 위험하니 항상 주의를 기울인다.

### • 함께 빨래하기

아이와 함께 빨랫감을 세탁기에 넣는다. 조작 버튼을 함께 누르고, 세탁기가 돌아가는 모습을 구경하게 한다. 아기에게는 세탁기가 TV와 다름없다.

옷을 갤 때는 얼굴을 가렸다 폈다 하면서 까꿍놀이를 할 수도 있고, 걷기 시작한 아이에게 자기 옷을 방으로 옮기게 할 수도 있다.

세탁한 시트를 깔기 전에 아기와 함께 침대에 누운 다음 시트를 공중에 띄워서 살포시 몸 위로 떨어지는 천의 감촉을 즐기는 것도 좋다.

### • 함께 청소하기

우리 딸은 18개월 무렵부터 내가 빗자루로 바닥을 쓸고 있으면 쓰레받기를 꺼냈고, 물을 쏟으면 걸레를 집어왔다.

식기세척기에서 꺼낸 그릇을 함께 정리할 수도 있다. 아이가 쓰는 깨지지 않는 그릇들을 선반에 넣거나 숟가락이나 포크를 서랍에 넣게 할 수 있다.

# 2장
# 어휘력과 IQ가 높아지는 대화의 기술

## 08
# 아이에게 잘 들리는 억양은 따로 있다

'부모어'로 아기의 눈을 초롱초롱하게!

### 톤을 높여 노래하듯 천천히 말을 건넨다

아이가 태어나면 부모는 말투가 자연스럽게 바뀌는데, 목소리에 따뜻함이 묻어나고 과장된 표정과 억양을 사용하게 된다. 이런 말투를 '부모어parentese'라고 부른다.

아기에게 말을 걸 때는 품에 안아 얼굴을 가까이 대고, 모음을 길게 빼면서 높고 경쾌한 톤으로 천천히 이야기하자. 18개월 전의 아기에게 이런 부모어를 쓰면 아이가 부모의 말을 따라 하는 데 도움을 준다. 모음이나 단어가 분명하게 들려서 아이가 정확히 알아들을 수 있기 때문이다. 또한 높은 톤의 목소리는 어른의 4분의 1 크기인 아기의 작은 성도vocal tract(입에서 성대까지 이르는 구간—옮긴이)가 낼 수 있는 한정된 음역과 일치한다.

## 내용보다는 억양이 중요

연구에 따르면 신생아는 어른끼리 쓰는 말투보다는 부모어를 선호한다는 사실이 밝혀졌는데, 그래서인지 아기들은 부모어를 들으면 그게 외국어라 할지라도 심장 박동 수가 올라간다. 또 5개월 된 아기에게 일반적인 말투가 아닌 부모어로 칭찬하면 더 많이 웃고, 부모어로 주의를 주면 훨씬 더 뾰로통해진다. 12개월 된 아기에게 그림을 보라고 할 때 부모어로 말하면 아이가 부모의 지시에 따르는 횟수가 더 늘어난다. 아이에게 잘 들리는 억양이 따로 있는 것이다.

어른에게 말할 때의 억양과 속도로 잡지를 읽어주면서 아기의 반응을 관찰해보자. 우리 딸의 경우에는 싫다는 표정을 지으며 손가락으로 내 입술을 잡으려고 했다. 그다음에는 똑같은 내용을 부모어로 읽어보자. 아기의 눈을 들여다보면서 눈을 동그랗게 뜨고 미소 지으면서 낭독한다. 그 내용이 '그 순간에 경찰과 마주치다니, 인생에서 최악의 순간이었다'와 같은 것이어도 아기의 눈은 호기심으로 반짝반짝 빛난다!

# 09

## 어휘력이 풍부한 아이로 키우려면 어떻게 대화해야 할까?

**36개월까지의 대화가 IQ를 결정한다**

### 말을 건넬수록 똑똑해진다

연구에 따르면 세 살까지 부모와 충분히 대화하며 자란 아이는 대화를 적게 한 아이보다 어휘력이 풍부하고 IQ가 높으며 학업 성적이 좋다고 한다.

그렇다면 아이와의 대화는 언제부터 시작해야 할까? 출산 예정일 10주 전부터다. 그때가 되면 태아는 엄마의 체내에서 울려 퍼지는 목소리를 들으며 말을 흡수하기 시작한다.

그런데 막상 대화를 하려고 해도 어떤 식으로 대화를 하는 게 좋은지 잘 모르는 경우가 많다. 그럴 경우 아래와 같은 방식으로 대화를 시도해보자.

- **풍부한 어휘를 사용한다**

핵심을 간단하게 설명해준다. 아기가 알아들을 듯한 쉬운 단어를 고르려고 애쓸 필요는 없다. 어차피 아기에게는 단어 대부분이 낯설 테니까. "저기 봐봐, 비행기야!" 하고 말하는 대신에 "저건 수상 비행기야. 비행기에 다리가 2개 달렸지? 저건 '플로트'라고 불러. 플로트가 달려 있어서 비행기가 물 위에 뜨는 거야. 수상 비행기는 물에 뜬단다" 하고 설명해주자. 내 딸아이는 이렇게 설명해도 순순히 "으응" 하고 대답한다.

- **긍정적으로 이야기한다**

다음 중 어떤 말이 아이에게 격려가 될까?

"어머, 컵에 물을 따르는 거야? 에구구, 물이 쏟아졌네. 괜찮아, 컵에 물을 알맞게 따르는 건 원래 어려운 일이거든. 자, 한 번 더 해 볼까? 손으로 여기를 잡고…."

아니면, "엄마가 할 테니까 그냥 둬. 네가 하면 쏟을 게 뻔해."

어떤 식으로 이야기하는 게 좋은지는 알려주지 않아도 느껴질 것이다.

긍정적으로 이야기하는 데는 세 가지 요령이 있다. 첫째, 아이의 말을 그대로, 또는 살짝 표현을 바꿔서 반복한다. "공! 공 맞아. 우리 ○○는 지금 공놀이를 하는 거야."

둘째, 긍정적으로 피드백을 준다. "잘했어", "맞아"를 많이 쓰고 "안 돼", "하지 마", "왜 이렇게 못해"는 되도록 피한다.

셋째, 명령이 아니라 부탁한다. "~해 줄래?', "~할 수 있을까?"와 같이 말하며 아이에게 부탁하고, 아기가 부탁을 들어줬다면 "와, 고마워!" 하고 감사인사를 한다.

### • 직접 대화한다

아이의 어휘력이나 어학력은 대화를 옆에서 듣기만 하는 정도로는 크게 향상하지 않는다. CD나 DVD를 틀어두는 것도 마찬가지다. 뇌는 얼굴과 얼굴을 맞대고 대화해야 자극받는다. 따라서 실제로 사람과 얼마나 많이 이야기했는지가 언어 학습의 성과를 크게 좌우한다.

### • 수시로 말을 건넨다

말을 자주 걸면 아이의 뇌 기능이 활발해진다. 외출하는 장소나 만나는 사람의 폭을 넓히면 본 것을 설명하거나 이름을 가르쳐 줄 기회가 늘어난다.

## 젖먹이 아기에게 말을 거는 요령

말을 걸어도 대답하지 않는 상대에게 계속 말을 건넨다는 것은 쉽지 않다. 심지어 위화감이 들기도 한다. 하지만 조금만 하다 보면 금세 익숙해진다. 젖먹이 아기에게 말을 걸 때는 다음과 같은 내용을 선택하면 어렵지 않게 끊임없이 말을 할 수 있다.

첫째, 무엇이든 소리 내어 읽는다. 꼭 동화책일 필요는 없다. 이유식 레시피를 읽어도 좋고, 신문기사나 잡지를 낭독해도 좋다. 그러면 아이에게 말을 건넬 수 있고 부모도 최신 뉴스나 정보를 얻을 수 있다. 다만 아이가 신문이나 잡지를 찢어서 입에 넣지 않도록 주의하자.

둘째, 앞으로 할 일을 설명한다. 아기는 생각보다 이해력이 높다. 뭔가를 하거나 어딘가에 데리고 가기 전에 앞으로 무엇을 할 계획인지 설명해주자. 만약 기저귀를 간다면, "이제 기저귀 갈게. 물티슈로 닦을 거야. 차가울 수도 있어. 다리를 이렇게 올리고…. 자, 이제 다리 내리자"라고 말하는 것이다. 어디를 나가기 전에 "모자 씌워 줄게. 같이 산책하러 나가자"라고 말하고, 누군가 집을 방문한다면 "오늘은 할머니가 우리 ○○를 만나러 오실 거야"라고 말하면, 실제 그 상황을 경험할 때 거부감이 줄어든다.

셋째, 부모의 하루를 들려준다. 오늘 무엇을 했고, 무엇을 봤으며, 어떤 생각을 했고, 무엇을 느꼈는지 이야기한다. 눈을 맞추거나 미소 짓거나 간지럼을 태우면서 이야기한다. 이야기의 내용은 중요하지 않다.

젖먹이 아이에게 말을 거는 요령을 몇 개 더 공유해본다.

### • 빨래를 갤 때

"와, 다행이다, 양말 두 짝이 다 있네? 양말 두 짝이, 다 있어! 잃어버리지 않게 윗부분을 접어둘까? 자, 다 됐다."

"이 이불은 따뜻해서 기분이 참 좋아, 그렇지? (아기 머리에 이불을 뒤집어씌우고) 우리 ○○, 어디 갔을까? (이불을 벗기고) 앗! 우리 ○○, 여기 있었네!"

### • 산책하러 갈 때

"오늘은 집 근처 공원에 갈 거야. 저기 창문으로 보이는 길을 따라서 5분 정도 걸어갈 거야. 가는 길에 나무도 있고, 새도 있고, 꽃도 있을 거야. 강아지도 만났으면 좋겠다."

### • 옷을 입힐 때

"어디 보자, 오늘은 무슨 옷을 입을까? 엄마는 이 옷이 마음에 들어. 머리에 씌울게. (아기가 몸을 뒤집고 버둥거리면) 이리 와, 우리 미꾸라지. 아직 안 끝났어. (아기를 끌어안고 뽀뽀한다.) 왼팔 넣자. 이번엔 오른팔. 잘했어요. 우리 ○○는 어쩜 이렇게 귀여울까!"

### • 분유를 탈 때

"젖병 뚜껑을 열고…, 분유를 넣고…, 따뜻한 물을 붓고…, 뚜껑을 닫고…, 흔들흔들흔들!'

## 걸음마를 시작한 아기에게 말 걸기

아기가 좀 더 커서 활동이 왕성해지면 말 걸기가 편해지고 내용도 다양해지고 위화감도 줄어든다.

우선, 아이가 걷기 시작하면 아이가 하는 행동을 다음과 같이 실시간으로 중계하며 말을 걸 수 있다.

"우리 ○○가 서랍을 열었어요. 닫았어요. 열고, 닫고, 열고, 닫고. 잘했어요! 서랍을 당겨서 열고 있어요. 서랍을 밀어서 닫았어요. 당기고, 밀고, 당기고, 밀고. 엇, 펜이네? 우리 ○○가 서랍에서 펜을 발견했어요. 어머, 펜 뚜껑을 열었네! 그건 위험하니까 엄마가 갖고 있을게요."

또 아이가 흥미를 보이는 물건을 설명해줄 수도 있다.

"그래, 그건 아빠 헬멧이야, 헬, 멧. 아빠가 헬멧을 머리에 쓰고 있네. 끈을 턱 밑에서 찰칵하고 채우고 있네. 자, 이제 아빠는 안전하게 자전거를 탈 수 있어."

단어에서 시작해 문장으로 확장시킬 수 있도록 도와주며 말을 건넬 수도 있다.

"뚜, 껑. 이건 뚜껑이야. 냄비를 덮는 물건이란다. 엄마가 냄비에 뚜껑을 덮을게. 우리 ○○가 냄비에 뚜껑을 덮어볼까?"

아기가 말을 시작하려고 하면 약간의 소통도 가능해진다. 특히 이 시기에 아이는 부모가 하는 말을 금세 흉내 내기 시작하는 데, 어설프게 따라 하는 모습을 보면 깨물어주고 싶을 만큼 앙증맞다. 아이에게 듣고 싶은 말을 가르쳐보자.

## 세 살까지 들은 단어 수가 평생 어휘력을 결정한다

저소득층 자녀들이 다니는 유치원의 교사였던 베티 하트는 네 살 아이의 어휘력을 향상하려고 여러 가지 방법을 시도해봤지만 아무런 효과도 얻지 못했다. 하트가 캔자스 대학교 석사 과정의 지도 교수였던 토드 리슬리와 함께 내린 결론은 "네 살은 이미 늦다"였다.

두 사람은 이유를 밝혀내려고 42개 가정을 대상으로 추적 관찰을 시작했다. 2년 반에 걸쳐 한 달에 한 시간씩 각 가정에 방문해 모든 대화를 녹음했다. 녹음 테이프는 총 1,300시간 분량이었고, 기록하는 데만도 6년이나 걸렸다.

하트와 리슬리는 고소득층 부모와 저소득층 부모가 아이와 대화하는 방식에는 어떤 차이가 있는지 분석했다. 명사와 동사를 섞어 쓰는지, 어휘 수준은 어느 정도인지, 긍정적인 대화인지 부정적인 대화인지 등 다양한 각도에서 대화의 질을 연구했다. 그 결과, 가장 흥미로운 변수는 '단어 수'였다.

빈곤층 가정의 아이는 한 시간에 평균 600단어를 들었다. 반면 전문직 가정의 아이는 한 시간에 2,100단어를 들었다. 또 전문직 가정의 아이는 네 살까지 4,800만 단어를 들었다. 그에 반해 빈곤층 가정의 아이는 1,300만 단어를 들었다. 당연히 빈곤층 어린이는 어휘와 말하기 습득이 늦어졌으며, 이 차이는 훗날 학습 능력에 영향을 미쳤다. 이들은 이러한 차이를 통해 세 살 때의 언어 능력에서 9~10세 때의 언어 능력까지 예측할 수 있었다.

## 매일 '2만 1,000단어'를 들려주는 게 좋다

그렇다면 어휘력이 풍부하고 IQ가 높으며 성적이 우수한 아이로 키우려면 얼마나 많은 단어를 들려줘야 할까? 연구에 따르면 하루에 2만 1,000단어 또는 한 시간당 2,100단어다. 상당히 벅찬 숫자라고 느껴지는가? 나도 처음에는 그렇게 생각했다. 하지만 1시간에 2,100단어는 쉴 새 없이 떠들어야 하는 양이 아니다. **1시간에 15분 정도만 말하면 되는 분량이다.**

# 10

## 책을 좋아하는 아이로
## 키우는 방법

한 살부터 시작하는 아이의 평생 독서 습관

### 연령에 따라 책 읽어주는 방식을 바꾼다

아이에게 책을 읽어줄 때 거기에 나오는 단어를 소리 내어 읽는 것만으로는 부족하다. 책을 좋아하는 아이로 키우기 위해서는 부모가 연령별로 책을 대하는 방식을 바꿔줄 필요가 있다.

#### • 0~6개월 아이는 읽어주기보다 책을 접하게 만든다

아기가 마구 만지거나 입에 넣어도 쉽게 찢어지지 않는 두꺼운 종이로 만들어진 튼튼한 보드북을 읽어준다. 이때 아기가 모서리를 입에 넣고 씹더라도 신경 쓰지 말자. 또 아기용 책이 아니라 부모가 읽고 싶은 잡지나 소설을 소리 내어 읽어도 좋다. 아기에게 언어를 들려주면서 자기 시간도 즐길 수 있으니 일석이조다.

- **6~12개월 아이에게는 엄마가 사진이나 그림을 설명한다**

"노란색 꽃은 어디 있지?" 하고 물어보며 손가락으로 그림을 가리킨다. 또 아이가 직접 페이지를 넘기게 해서 종이의 질감을 느끼게 한다. 이 월령의 아이는 이야기 내용에 그리 큰 관심이 없다. 끝까지 읽어주지 못하더라도 마음 쓸 필요는 없다.

- **12~18개월 아이에게는 매력 넘치게 책을 읽어주자**

등장인물에 따라 목소리를 바꾸고, 손짓과 동작을 크게 하며 책을 읽어준다. 벌이 날아오는 장면에서는 "부웅" 하고 소리와 행동으로 묘사하면서 아이에게 다가가 뽀뽀한다. 아이의 배에 손가락 끝을 대고 등장인물의 움직임에 맞춰 움직이는 속도를 바꾼다. 또 매일 낭독해주자. 하루에 5분이든 10분이든 좋다.

- **18~36개월 아이는 아이가 직접 책을 읽도록 유도한다**

18개월 무렵부터 아이는 조금씩 말을 배우기 시작한다. 따라서 책을 대하는 접근법도 달라져야 한다. 책에 나오는 그림을 손가락으로 가리키며 이름을 가르쳐주고 아이에게 질문한다. 같은 책을 반복해서 읽는다면 부모가 읽는 부분을 조금씩 줄이고 아이가 직접 읽게 한다. 이처럼 아이가 참여하는 방식으로 15주간 계속 읽어주면, 아이의 말하기 능력이 높아진다는 연구 결과가 있다.

## 어휘력을 늘리는 네 가지 방법

이제 말을 배우기 시작하는 아이의 어휘력을 늘리려면 어떻게 해야 할까? 뉴욕 주립대학교 스토니브룩 캠퍼스의 그로버 화이트허스트 박사가 이끄는 스토니브룩 리딩 앤드 랭귀지 프로젝트 The Stony Brook Reading and Language Project 팀은 유아의 언어 발달을 유도하는 네 가지 방법의 머리글자를 딴 'PEER'법을 개발했다.

- **유도한다 Prompt**: 아이에게 책에 대해 이야기하도록 유도한다. 이를테면 새를 가리키며 "이건 뭐야?" 하고 묻는다.
- **평가한다 Evaluate**: 아이의 대답을 평가한다. 아이가 "새"라고 대답하면 "정답!" 하고 외친다.
- **확장한다 Expand**: 다른 표현으로 바꾸거나 정보를 추가해서 아이의 대답을 확장한다. "이건 비둘기야."
- **반복한다 Repeat**: 확장한 정보를 반복하게 한다. "비둘기라고 말해볼래?"

아이가 말문이 트이기 시작했다면 "이건 뭐야?" 하며 물체의 이름을 묻는다. 그런 다음에는 '언제', '어디서', '무엇', '왜'를 물어본다. "달은 언제 뜨지?", "동물들은 모두 어디로 가고 있을까?", "이 못된 고릴라는 뭘 하고 있어?"

이런 질문에 아이가 잘 대답하게 되면 자유롭게 대답할 수 있는 질문을 한다. '글밥'이 많으면 자유로운 질문과 대답이 어려울 수 있다. 단어 수가 적은 그림책을 준비해보자. 인기 있는 그림책인 《고릴라야, 잘 자 Good Night, Gorilla》(페기 래스만 저)는 각 페이지에 "잘 자" 외의 글자는 거의 없다. 《시간 상자 Flotsam》(데이비드 위즈너 저)는 글이 하나도 없다. '글밥'이 적은 그림책을 놓고, "이 그림에서는 무슨 일이 일어나고 있어?"라고 물으며 그림만 가지고 아이와 이야기를 창작해볼 수 있다.

화이트허스트 박사에 따르면 책 한 권을 1, 2회에 걸쳐 읽고 나면 거의 모든 페이지에서 PEER법을 활용할 수 있다고 한다.

## 책 읽기 자체보다는 사이사이의 대화가 중요

책을 읽어줄 때는 일방적으로 엄마가 읽어주기보다는 아이를 참여시키는 게 중요하다. 아이가 책을 보면서 다양한 질문을 하도록 유도해보자. 책 읽기 자체보다는 책을 읽는 동안 아이와 나누는 대화가 더 중요하다는 연구 결과도 있다.

### • 18개월에서 세 살 아이와는 책으로 '말놀이'를 한다

아이가 아직 말이 서툰 이 시기에는 운율에 맞춰 리듬감 있게 읽을 수 있는 책이나 같은 음절로 시작되는 단어가 많이 실린 책이 말놀이를 하는 데 좋다. 몇 번 읽어준 이후에는 읽어줄 때 조금씩 시간 간격을 두고 아이가 의성어나 의태어를 먼저 말하게 해보자. 또 아이가 책에 자주 등장하는 단어나 문장의 마지막을 스스로 말하게 만든다.

### • 네 살에서 다섯 살 아이에게는 소리 내어 읽게 한다

만 네 살부터 다섯 살까지의 아이에게는 책을 읽으며 이야기 속에서 일어난 일과 현실을 연결 지을 수 있도록 대화를 나눠보자. "어제 이렇게 생긴 배를 봤는데, 기억나?", "우리 ○○도 전에 이거랑 비슷한 일로 마음이 상했었는데, 생각나?"

또 책을 읽는 동안 이야기의 내용을 질문해보자. 아이가 질문을 잘 이해하지 못했다면, 한 번 더 읽는다. 다시 읽기 전에는 질문의 내용을 다시 이야기해준다. "프랭클린은 강아지를 기르고 싶어 했잖아. 그때 프랭클린네 아빠랑 엄마가 뭐라고 하셨지? 다시 읽으면서 알아보자."

아이가 직접 글을 읽을 수 있게 되면, 아이에게 소리 내어 읽게 한다. 잘못 읽었을 때 바로잡아주고 정확히 피드백을 해주면 단어 인식력, 언어 구사력, 이해력이 눈에 띄게 높아진다. 읽기에 능숙한 아이든 서툰 아이든 꾸준히 할수록 효과적이다.

## 책을 좋아하는 아이로 키우려면?

독서는 단순한 놀이가 아니다. 사람에게는 책이 필요하다. 책은 새로운 아이디어나 가능성을 열린 마음으로 받아들이게 하고, 정보를 주며, 인생에 번뜩이는 영감을 선사한다. 부모와 아이가 재미있게 유대감을 키울 수 있는 멋진 수단이기도 하다.

==새 단어를 학습하는 데 독서보다 뛰어난 방법은 없다. 대화만으로 독서만큼 폭넓은 어휘력은 얻지 못한다.== 어린이 책에는 대학교육을 받은 성인이 대화할 때보다 두 배 가까이 많은 단어가 등장한다.

어휘력이 좋으면 학교 수업을 받을 때 이해력이 높아진다. 교과서에 나온 단어의 의미보다는 내용을 이해하는 데 많은 시간을 할애할 수 있기 때문이다.

책을 즐겨 읽는 아이, 특히 초등학생이 되어서도 학교 밖에서 하루 평균 20분씩 독서하는 아이로 키우려면, 어릴 때부터 많이 대화하고 충분히 책을 읽어줘야 한다. 하지만 막내가 다섯 살 이

하인 가정에서 아이에게 매일 책을 읽어주는 부모는 60퍼센트에 불과하다. 맞벌이 부부이거나 자녀가 둘 이상인 가정에서는 사실 버거운 일이기도 하다. 하지만 시간을 만드는 좋은 방법이 하나 있다. 바로 TV 끄기다! TV만 꺼도 시간은 충분해진다.

## 11

## "와, 잘한다"가 아니라
## "열심히 노력했구나!"라고 칭찬한다

아이의 사고방식을 결정짓는 칭찬의 비밀

### 과정을 칭찬하면 도전하게 된다

아이에게 감탄했을 때 부모가 칭찬하는 유형은 세 가지다. 하나는 타고난 능력에 초점을 맞춰 칭찬하는 것이다. 아이가 달리기를 잘할 때 "달리기 재능을 타고났구나!"라고 말하는 것이다. 또 하나는 "와, 대단하다!"와 같이 단순히 긍정적인 격려의 뜻으로 칭찬하는 것이다. 마지막은 "열심히 잘 뛰었어"와 같이 노력이나 계획, 행동에 초점을 맞춰 칭찬하는 것이다.

그렇다면 아이가 공부와 도전을 즐기도록 키우기 위해서는 위의 세 가지 중 어떤 방식으로 칭찬해줘야 할까? 정답은 세 번째 유형처럼 아이가 '노력한 과정'을 칭찬하는 것이다. 이러한 칭찬은 겨우 한 살배기 아이에게도 긍정적인 효과를 가져다준다.

## 끈기있게 도전하는 힘을 키우는 칭찬법

1960년대부터 아이들의 의욕과 인내심의 상관관계에 대해 연구해온 스탠퍼드 대학교의 캐롤 드웩 교수는 미국의 과학잡지 〈사이언티픽 아메리칸Scientific American〉에 기고한 글에서 이런 의문을 제기했다. "왜 실력이 똑같은데도 어떤 학생은 어려운 문제에 직면했을 때 쉽게 포기하고 어떤 학생은 끈기 있게 배우려고 할까?"

드웩 교수가 밝혀낸 차이는 '실패한 원인을 파악하는 방식'에 있었다. '왜 이 수학 문제를 못 풀까?', '왜 이 곡을 잘 연주하지 못할까?'의 원인을 파악해보니, 아이들이 어린 시절에 어떻게 칭찬받았는지와 관련이 깊다는 사실을 알아냈다.

아이들은 부모의 칭찬을 통해 자신의 성공을 두 가지 방식으로 받아들인다. 하나는 성공은 타고난 재능이나 명석한 두뇌의 결과라고 믿고(고정형 사고방식), 하나는 성공은 열심히 노력한 결과라고 믿는(성장형 사고방식) 것이다.

**최강의 육아 플러스**

## 아이의 의욕을 쑥쑥 키워주는 칭찬은?

스탠퍼드 대학교의 캐롤 드웩 교수는 초등학교 5학년 아이들을 모아 무작위로 두 그룹으로 나눈 다음 IQ 테스트를 했다. 테스트 결과를 건네면서 한 그룹에는 "와, 점수가 정말 높네. 넌 참 똑똑하구나"라고 칭찬했고, 다른 그룹에는 "와, 점수가 정말 높네. 참 열심히 했구나"라고 칭찬했다.

그 후 두 번째 테스트를 치를 때 아이들에게 어려운 테스트와 쉬운 테스트 중 하나를 선택하게 했더니, 노력을 칭찬받은 그룹의 아이들은 어려운 테스트에 도전하려는 경향을 보였다. 그리고 문제가 어려워도 학습 의욕과 자신감을 잃지 않았다. 똑똑하다고 칭찬받은 그룹의 아이들은 쉬운 테스트를 선택하려 했고, 문제가 어려워지면 자신감을 잃었다. 또 점수를 직접 계산하게 했더니 실제 받은 점수보다 부풀리는 경향이 나타났다.

드웩 교수팀은 이번에는 실험실이 아닌 집에서 조사를 실시했다. 2년에 걸쳐 넉 달에 한 번, 스탠퍼드 대학교와 시카고 대학교 연구원이 53개 가정을 방문했고, 생활하는 모습을 90분간 촬영했다. 연구를 시작하던 때 아이들의 나이는 14개월이었다.

연구팀은 이렇게 모은 기록을 바탕으로 부모의 칭찬 중 '과정 칭찬', '재능 칭찬', '기타 칭찬'의 비율을 계산했다(부모에게는 아이의 언어발달 연구라고만 말하고 칭찬에 관한 연구라는 사실은 알리지 않았다). 그리고 5년 후, 일곱 살에서 여덟 살이 된 아이들이 도전과 학습에 어떤 태도를 나타내는지 조사했다. 예를 들어 미로 찾기를 할 때, 어렵지만 많은 것을 배울 수 있는 미로와 비교적 쉽게 풀리는 단순한 미로 중 어떤 미로 찾기를 하고 싶은가를 물었을 때, 성장형 사

> 고방식을 가진 아이는 도전적인 미로를 선택했다. 그런 아이들은 걸음마 시기부터 '과정 칭찬'을 받은 비율이 높은 아이들이었다.

### • 도전을 피하려는 고정형 사고방식

성공을 타고난 재능이나 지능의 결과라고 믿는 '고정형 사고방식Fixed mindset'을 가진 아이들은 타고난 것이 평생을 따라다닌다고 믿는다. 또 '재능이 없으므로 노력할 필요가 없다', '재능이 있으면 저절로 잘할 수 있다'는 말에 동의한다.

이런 아이는 실패하면 궁지에 몰렸다고 느낀다. 자기는 재능이 있지도 똑똑하지도 않다고 생각하며, 남들이 멍청한 아이로 여길까 두려워 조금이라도 자신이 가진 것보다 높은 수준의 도전이 필요한 상황에 직면했을 때 피하려고만 한다.

그래서 고정형 사고방식을 가진 아이들은 다음과 같이 말한다.

"내가 얼마나 잘하는지 증명할 수 있는 과목이 제일 좋아요."

"솔직히 말해서 학교 공부를 열심히 할 때면 내 머리가 나쁘다는 생각이 들어요."

"이 과목은 가능하면 다시는 공부하고 싶지 않아요."

무엇이 아이에게 고정형 사고방식을 유발할까? 이런 아이들은 부모가 어렸을 때부터 재능이나 성격을 칭찬한 경우가 많았다.

### • 노력을 좋아하는 성장형 사고방식

성공을 노력의 결과라고 믿는 '성장형 사고방식Growth mindset'을 가진 아이는 노력으로 지능을 바꿀 수 있다고 믿는다. 공부하면 할수록 똑똑해진다고 생각한다.

이 유형에 속하는 아이는 설령 천재라 해도 노력해야 한다고 생각하며, 좌절했을 때는 조금 더 시간과 노력을 들이면 극복할 수 있으리라 여긴다. 누군가에게 똑똑하다는 말을 듣는 것보다는 학습 자체에 가치를 두고 어려운 과제에도 끈질기게 몰두한다.

이런 아이들은 다음과 같이 말한다.

"1등을 하는 것보다 수업에서 새로운 내용을 배우는 게 훨씬 중요해요."

"노력하면 그만큼 더 잘할 수 있어요."

"앞으로 이 과목은 더 열심히 할 거예요."

무엇이 아이에게 성장형 사고방식을 유발할까? 바로 아이의 노력이나 계획, 행동과 같은 과정을 칭찬하는 것이다.

## 네 살만 돼도 사고방식이 결정된다

놀랍게도 만 네 살이면 고정형과 성장형 중 어떤 사고방식을 가질지가 정해진다. 캐롤 드웩의 책 《마인드셋》에는 아주 흥미로운 실험이 등장한다. 네 살짜리 아이들을 모아 간단한 퍼즐 맞추기를 하게 했다. 그 후 간단한 퍼즐 맞추기를 한 번 더 할지, 아니면 좀 더 어려운 퍼즐 맞추기에 도전할지를 아이들에게 직접 선택하게 했더니, 고정형 사고방식을 가진 아이들은 간단한 퍼즐 맞추기를 한 번 더 하는 쪽을 선택했다. 그 아이들은 "똑똑한 아이는 안 틀려요"라고 말하기도 했다.

특히 딸을 가진 부모라면 주의해야 할 점이 있다. 걸음마를 할 무렵에는 남자아이가 여자아이보다 과정을 칭찬받는 일이 더 많다고 한다. 조사에 따르면 이 시기에 아이가 듣는 칭찬 중 과정에 대한 칭찬은 남자아이의 경우 24퍼센트, 여자아이의 경우 겨우 10퍼센트다.

한 번 굳어진 사고방식을 바꾸기는 쉽지 않다. 아이가 학교에 입학하고 사회에 진출했을 때도 어린 시절에 굳어진 사고방식이 크게 영향을 끼친다. 어렸을 때부터 들은 부모의 칭찬 한 마디가 아이의 남은 인생을 결정할 수 있는 것이다.

## 성장형 사고방식을 심어주는 두 가지 방법

그렇다면 어떻게 아이들에게 성장형 사고방식을 심어줄 수 있을까? 두 가지 방법이 있다.

첫 번째 방법은 노력을 칭찬하는 것이다. 노력을 칭찬하려면 주의를 기울여야 한다. 부모들은 아이의 행동에 감탄하면, 무의식적으로 자신도 모르게 "와, 정말 잘한다!" 하며 능력을 칭찬한다. 나 역시 마찬가지였다.

드웩 교수의 조사에 따르면 부모 중 85퍼센트가 '아이가 능숙하게 해냈을 때는 똑똑하다고 느끼게 해주기 위해 능력을 칭찬해야 한다'는 의견에 동의했다. 드웩 교수는 이런 생각이야말로 부모 대다수가, 심지어 성장형 사고방식을 가지고 있는 부모조차도 아이의 재능을 칭찬하게 되는 원인이라고 말한다.

"노력을 칭찬한다. 재능은 칭찬하지 않는다"를 잊지 않도록 큰소리로 매일 외쳐보자. 매일 외치지 않으면 노력을 칭찬하는 말이 무의식적으로 나올 수 없다.

두 번째 방법은 뇌를 훈련하는 것이다. 아이에게 '뇌도 근육처럼 쓰면 쓸수록 강해진다'는 것을 가르쳐주고 뇌 훈련을 통해 스스로 성장형 사고방식을 할 수 있는 아이로 변화할 수 있도록 도와주자. 뇌를 훈련하는 데는 새로운 것을 배우고 반복해서 연습하기가 효과적이다.

고정된 사고방식을 변화시키긴 쉽지 않지만 불가능한 건 아니다. 고정형 사고방식을 가진 중학생과 대학생에게 아직 늦지 않았다는 사실을 알려주자 성적이 올라간 사례도 있으니까 말이다.

**최강의 육아 플러스**

## 성장형 사고방식을 길러주는 칭찬

| | 이런 칭찬을 늘리자! | 이런 칭찬을 줄이자! |
|---|---|---|
| 유아 | "열심히 잘 달렸어!" | "발이 정말 빠르네!" |
| | "최선을 다했구나!" | "머리가 참 좋구나!" |
| | "얌전히 있어줘서 고마워." | "착한 아이구나!" "역시 오빠다워." |
| | "그림을 열심히 그렸구나!" | "그림에 재능이 있네!" |
| 초등학생 이상 | "진짜 고생 많았어!" | "넌 정말 똑똑해." |
| | "너한테는 조금 쉬운 것 같은데, 좀 더 어려운 걸 해볼까?" | "이 일에 재능이 있구나." |
| | "문제에 접근하는 방식이 아주 좋았어." | "대단해. 공부도 별로 안 했는데 A를 받다니!" |
| 기타 | 위의 표 중 어느 쪽에도 해당하지 않는 "와, 대단해!", "해냈구나!" 등의 칭찬은 사고방식에는 영향을 미치지 않지만 아이에게 용기를 북돋아줄 수 있다. | |

캐롤 드웩 교수의 연구 자료 참조

2장 • 어휘력과 IQ가 높아지는 대화의 기술

---
## 12

## 엄마와 아이의 행복한 교감 '베이비사인'

의사소통 능력이 쑥쑥! 아이와 함께 베이비사인 만들기

---

## 짜증과 문제 행동을 줄이는 '베이비사인'

베이비사인 baby sign은 말 못 하는 아기가 자기 요구를 전달할 수 있는 방법으로, 부모는 아이가 어렸을 때부터 부모와 자기 아이만의 베이비사인을 만들 수 있다.

만드는 방법은 간단하다. 부모가 아기와 주고받을 몇 가지 신호를 만든다. 예를 들어 '우유'라는 신호는 소젖을 짜듯 한 손을 쥐었다 폈다 하는 동작으로 하고, '좀 더'는 왼손과 오른손 끝을 톡톡 친다. 신호를 만들었다면 아기에게 우유를 줄 때 계속해서 같은 사인을 보여주며 알려준다. 그러면 아기는 말문이 트이기 전에도 부모와 정한 베이비사인으로 요구사항을 전달할 수 있다.

또 막 말을 시작한 아기의 너무나도 사랑스럽지만 도통 알아듣지는 못하는 언어를 엄마가 쉽게 눈치 챌 수 있게 해준다.

베이비사인을 통해 간단한 의사소통이 가능해지면, 아이가 무엇을 원하는지 부모가 금방 이해할 수 있기 때문에 아기가 울거나 보채는 시간이 크게 줄어든다. 연구자들은 베이비사인이 언어발달 지연을 예방하는 데 도움이 되며, 특히 발달 지연이나 감각기능 장애가 있는 아이에게 효과적이라고 말한다. 베이비사인을 배우면 말하는 시기가 늦어진다는 주장도 있지만, 뒷받침할 만한 연구 결과는 아직 없다.

## 철저하게, 그리고 느긋하게

베이비사인만을 소개하는 책도 있지만, 나는 친구와 함께 베이비사인 수업을 들었다. 수업에서 배운 사인은 음식과 동물, 엄마, 아빠, 뜨겁다, 차갑다, 배고프다, 목마르다, 더 먹겠다, 그만 먹겠다, 놀고 싶다, 자고 싶다, 아프다, 어디, 주세요, 고맙다 등 아주 많았다.

수업에서는 생후 6개월 무렵부터 6주 정도 훈련하면 베이비사인을 사용할 수 있다고 했다. 하지만 나는 조금 더 시간을 들여 아이에게 알려주었다. 훈련이라기보다는 놀이 정도로 생각해서 해당하는 단어를 사용할 때만 베이비사인을 가르쳤기 때문이다.

아기에게 연구자들이 쓰는 방식대로 베이비사인을 가르치고 싶다면 아래와 같이 조작적 조건 형성 이론(외부에서 주어진 자극에 올바르게 반응하면 보상을 주어 학습하게 하는 방식—옮긴이)을 이용해 훈련한다. 간식으로 배를 줄 때 "간식 먹자"라고 말하며 한 조각을 아기에게 건네고 '배'에 해당되는 신호를 보여준다. 그리고 다음 순서대로 한다.

- **1단계:** 두 번째 배 조각을 보여주고 아기가 사인을 만들 때까지 5초간 기다린다.
- **2단계:** 아기가 사인을 만들지 않는다면 부모가 사인을 만든다. 다시 5초간 아기가 사인을 따라할 때까지 기다린다.
- **3단계:** 아기가 사인을 따라 하지 않는다면 아기 손가락을 잡고 사인을 만든다. 배를 준 다음 부모가 사인을 다시 보여준다.
- **4단계:** 반복한다.(1회당 5분씩, 하루 동안 여러 번 실시한다.)

아기가 스스로 사인을 만들었다면, 배를 준 다음 "그래, 맞아! 배야!" 하고 칭찬한다. 아기가 때때로 5초 이내에 사인을 만들었다면, 다음에는 기다리는 시간을 10초까지 늘린다. 그다음에는 20초로 늘린다. 이때 서서히 시간을 늘리는 것은 1단계에만 해당한다. 2단계에서는 5초만 기다리고, 부모가 사인을 만들었다면 5초 후에 아기에게 사인을 따라 하게 한다.

> **최강의 육아 플러스**
>
> ### 베이비사인 만들기
>
> - 아기와 자주 사용하는 단어부터 시작한다. 모든 사인을 익히겠다는 감당할 수 없는 일에 몸을 던지지 않도록 주의하자.
> - 다양한 상황에서 사인을 사용한다. 내가 들은 수업의 강사는 첫 번째 달에는 열두 가지 사인을 사용하는 것을 목표로 하라고 조언했다.
> - 사인을 조합해서 사용한다. "파스타?"보다는 "파스타, 더, 먹을래?"라고 말하며, 사인으로 문장을 만들 수도 있다.
> - 인내심을 갖는다. 아기가 스스로 사인을 만들 때까지는 정신이 아찔해질 만큼 오랜 시간이 걸린다. 포기하거나 초조해하지 말자.
> - 아기는 사인을 자기 나름대로 응용해서 사용하기도 한다. 우리 딸은 '주세요'를 원래 정한 사인대로 가슴 위에서 한 손을 빙글빙글 돌리는 게 아니라 양손을 배에 대고 옆구리 쪽으로 문질렀다.

나는 이렇게 정식으로 훈련하지는 않았지만 4개월여에 걸쳐 느긋하게 가르쳤는데도 꽤 효과가 있었다. 딸아이가 말문이 트이기 전부터 '우유', '응아'를 베이비사인으로 내게 알려줬을 때는 그야말로 감동의 도가니였다. 내 접시에 든 블루베리를 먹고 싶을 때 "우! 우! 우우!" 하고 칭얼대는 게 아니라 '주세요'라고 사인하도록 가르치는 건 즐거운 일이었다.

## 어휘가 늘고 기억력이 좋아진다

수십 년에 걸쳐 몸으로 익히는 언어인 수화를 연구한 결과, 수화는 정상 청력을 가진 아이에게도 다양한 효과가 있음이 밝혀졌다. 여러 연구에서 어린이집, 유치원, 초등학교 1학년 아이에게 미국식 수화를 1년간 가르쳤는데, 아주 흥미로운 결과가 나왔다.

### • 어휘력과 독서력이 높아진다

우선 어휘력이 크게 향상했다. 유치원생의 어휘력이 초등학교 2학년 수준까지 높아지는 결과도 있었다. 그리고 독서력이 높아진다. 유치원생의 독서력 테스트 점수가 올라갔다. 단기 기억력이 약간 상승해, 단어를 더 오래 기억하기도 했다.

### • 시공간 인지력이 향상된다

시공간 인지력이 높아진다. 이는 사물을 시각적으로 식별하고, 패턴을 인식하고, 눈에 보이지 않는 대상을 비교적 일관되게 마음속에서 재현하고, 물체를 회전시키거나 방향을 바꿨을 때의 형태를 상상하는 데 도움이 되는 능력이다. 이러한 능력은 엔지니어나 건축가에게 필수적인 것이다.

- **아이가 즐거워하고 학습 효과가 지속된다**

결정적으로 아이가 몸으로 하는 언어를 배우는 것을 즐거워한다는 것이다. 열심히 익히려고 하고 더 많이 배우고 싶어 했다. 한 보고서에 따르면 수화는 고도의 집중력이 필요하기 때문에 수화를 통해 집중력을 높이는 훈련을 할 수 있으며, 이것을 배운 아이들의 수업 태도 또한 매우 좋아졌다고 한다.

또 수화 수업에 따른 학습 효과는 추가로 수업을 받지 않았음에도 지속되며 3년 후의 어휘력에도 크게 영향을 미쳤다.

---
**13**

## 2개 이상의 언어를 배우면
## 아이의 언어 습득이 늦어질까?

아이를 이중언어자로 키우는 효과적인 방법

---

### 외국어와 친해지는 방법

아이가 어렸을 때부터 2개 국어를 했으면 하고 바라는 부모들이 많다. 아이를 이중언어자로 키우려면 구체적으로는 어떻게 하면 좋을까?

언어심리학자인 프랑수아 그로장은 제2언어를 사용하려면 가족 이외의 사람에게서 익혀야 한다고 말한다. 예컨대 베이비시터, 도서관의 이야기 교실, 지역사회의 행사, 외국어로 교육하는 어린이집, 그리고 친구다. 특히 친구에게 배우는 것이 가장 효과적인 이유는 언어를 습득하고 싶다는 분명한 목적이 생기기 때문이다.

## 사람과 직접 말할 때만 학습된다

생후 9개월 된 아기가 한 번도 들은 적이 없는 언어를 배울 수 있을까? 워싱턴 대학교의 패트리샤 쿨 교수는 매우 흥미로운 실험을 했다. 영어만 할 줄 아는 부모를 둔 아기에게 4주에 걸쳐 1주일에 세 번, 25분씩 중국인과 함께 책을 읽고 놀게 했다.

중국어를 들었을 때 나타나는 아기의 두뇌 활동을 조사한 결과, 늦어도 1개월 후에는 중국에서 태어난 아기와 엇비슷하게 중국어의 모음과 자음을 구별한다는 사실이 밝혀졌다. 다만 사람한테 직접 그 언어를 들었을 때만 이 같은 결과가 나타났다. ==DVD나 CD로 중국어를 접한 아기는 아무것도 배우지 못했다.== 만 두 살이 넘으면 화면을 통해 학습할 수 있긴 하지만, 사람과 직접 대면하는 방식이 가장 효과적이다.


## 이중언어 교육은 두뇌에 좋다

부모들은 흔히 '2개 이상의 언어를 배우면 아기의 언어 습득이 늦어지지 않을까?' 하고 걱정한다. 하지만 이런 우려를 뒷받침할 만한 증거는 아직 발견되지 않았다.

단일언어만 배운 아이와 이중언어를 배운 아이 모두 정상 범위 안에서 언어 학습 단계를 밟아 나간다는 사실은 이미 수많은 연구에서 밝혀졌다. 두 가지 언어를 한꺼번에 접하는 아이가 한 문장에서 두 언어를 섞어 쓰는 언어 코드 변환code-switching 현상은 자연스러운 발달 과정이며, 언어발달이 지연되거나 아이가 혼란스러워하는 징후가 아니다.

==이중언어를 사용하는 환경은 오히려 아기 두뇌에 긍정적인 영향을 준다.== 이중언어 환경에 있는 아기는 단일언어 환경에 있는 아기와 비교해 다음과 같은 부분에서 뛰어나다.

### • 언어를 습득하는 기간이 길다

아이들은 생후 1개월 무렵부터 여러 언어의 음운 차이를 정교하게 구별해낼 수 있지만 보통 생후 8~10개월 무렵이면 이런 능력이 사라진다. 하지만 이중 언어 환경에 있는 아기는 10개월에서 12개월까지도 구분할 수 있다.

### • 정신적인 모드 전환에 능숙하다

인간의 뇌는 단어의 첫 음이 들리면 곧바로 나머지 단어를 추측하기 시작한다. 두 언어를 사용하는 이중언어자는 단어를 들을 때마다 두 언어가 모두 활성화한다. 이렇게 끊임없이 두 언어를 전환하는 작업은 아기의 인지 능력을 향상시키며, 이런 훈련을 반복하면 언어와 관련이 없는 상황에서도 환경을 관찰하는 능력이나 일련의 규칙을 변환하는 능력이 발달한다.

단일언어와 이중언어 환경에 있는 생후 7개월 된 아기를 비교하는 실험에서 소리로 신호를 준 다음 화면 한쪽에 손가락 인형이 나타나게 한 결과, 두 그룹의 아기들은 모두 소리가 들리면 아까와 같은 장소에 손가락 인형이 나올 것을 기대하면서 화면 한 쪽을 바라보았다. 하지만 손가락 인형을 반대쪽에 나타나게 하자 이중언어 환경에 있는 아기는 곧바로 인형이 나타나기를 기대하는 장소를 반대쪽으로 전환했지만, 단일언어 환경에 있는 아기는 그렇지 않았다.

- **창의력이 높다**

상상 속의 꽃을 그리게 하자, 이중언어 환경에 있는 네 살에서 다섯 살 아이는 연과 꽃을 조합한 듯한 그림을 그렸고 단일언어 환경에 있는 아이는 꽃잎이나 나뭇잎이 없는 그림을 그렸다.

- **실행 기능이 뛰어나다**

아이들에게 '여러 색깔의 블록으로 만들어진 모양을 똑같이 재현하기', '연속된 숫자를 큰소리로 외치기', '단어를 정의하기', '머릿속으로 산수 문제 풀기'와 같은 과제를 주자, 이중언어를 사용하는 아이들의 결과가 월등히 높았다. 이 과제는 일을 계획하고 우선순위를 정하게 하는 기능인 '실행 기능'을 측정하는 검사다.

3장

# 기억력과 집중력을 높이는 생활습관

## 14

# 아이의 두뇌와 몸을 튼튼하게
# 성장시키는 수면 교육

재울 타이밍을 잡는 네 가지 요령

## 충분한 수면이 기억력과 집중력을 키운다

충분히 휴식한 아기는 기억력, 집중력, 적응력이 높아지고 스트레스, 짜증, 칭얼거림이 줄어든다. 아이들을 잘 재우는 것만큼 중요한 일은 없다.

아이가 태어나자마자 곧바로 시작할 수 있는 <mark>가장 좋은 수면 교육 중 하나는 '낮에 오랫동안 깨어 있지 않게 하기'</mark>다. 초보 엄마, 아빠는 아기의 자고 싶다는 사인을 놓치거나 무시해서 자극이 강한 환경에 오래 노출시키기 쉽다.

아기는 피곤하다고 해서 무조건 잠들지는 않는다. 수면 주기를 조절하는 바이오리듬은 각성 수준을 줄여줄 뿐 아기를 확실히 잠들게 하지는 않는다. 따라서 아기가 잠들 수 있게 도와줘야 한다. 졸릴 때 잠들기 쉬운 환경, 예를 들어 어둑어둑한 조명, 토닥이기, 편안한 침대, 안고 걷기 등의 환경을 만들어주자.

## 아이가 졸릴 때 보이는 신호

아기가 연속으로 깨어 있는 시간은 신생아의 경우 약 45분, 생후 6주~6개월 아기는 90분 정도다.(30분 전후의 개인차는 있다.) 그래서 신생아는 밤새 푹 잤더라도 일어난 지 90분이 지나면 낮잠을 자는 경우가 많다. 그러다 서서히 깨어 있는 시간이 길어져 돌 무렵에는 세 시간까지 깨어 있게 된다.

깨어 있는 시간은 뇌가 발달함에 따라 길어지는데, 낮의 길이와 같은 환경적 요인과 가족의 생활 리듬과 같은 사회적 요인도 영향을 미친다.

아기를 재울 타이밍을 알고 싶다면 '눈이나 귀를 비빈다', '멍하니 허공을 바라본다', '몸을 잘 못 가눈다', '칭얼댄다' 등 졸릴 때 보이는 신호들을 잘 관찰하자. 그리고 그 신호를 찾아냈다면 푹 잠들도록 도와준다. 졸려도 눈을 뜨고 있는 아기도 있지만 눈꺼풀이 내려오면 확실히 잠이 온다는 신호다.

## 재울 타이밍을 놓치지 않는다

### • 현명한 부모는 급하게 뛰어가지 않는다

초보 엄마, 아빠는 아기가 낮잠을 자다가 소리를 내면 서둘러 달려가고 싶어진다. 하지만 아기는 잠들고 20~40분 동안은 뇌가 활동하고 있는 동적 수면을 하고, 그 후에야 깊은 잠인 정적 수면이 60분 정도 이어진다.

동적 수면 중인 아기는 한숨을 쉬거나 울거나 손발을 실룩거리고, 심지어는 눈을 뜨기도 한다. 이때는 쉽게 잠에서 깨지만 곧바로 달려가기보다는 잠시 기다리면서 상황을 지켜보면 바로 다시 잠드는 경우가 많다. ==따라서 동적 수면 중에 서둘러 아기를 움직이는 것은 금물이다.== 수유 중이나 아빠가 안고 움직이는 사이에 잠들었다면 아기가 정적 수면에 들어갈 때까지 기다렸다가 침대에 누이도록 하자. 간신히 아기를 재우는 데 성공했는데 침대에 누이자마자 잠에서 깨면 실망이 이만저만이 아닐 테니까.

### • 수면 사이클을 파악한다

동적 수면과 정적 수면으로 이루어진 사이클이 한 번 끝나고 나면 아기는 잠에서 깨거나 다음 사이클로 들어간다. 동적 수면에서 정적 수면으로 원활하게 넘어가는 아기와 그렇지 않은 아기가 있다. 아기가 낮잠에서 너무 빨리 깨면 다시 잠들게 도와주자.

- **잠들지 않을 때는 단념한다**

아기가 좀처럼 잠들지 않을 때는 20~30분 정도 시도하다가 깔끔히 포기하자. 타이밍이 안 맞았을 뿐이니까. 딸아이가 4개월 됐을 무렵 억지로 낮잠을 재우려고 오랫동안 공을 들이다가 재우기도 전에 내가 먼저 녹초가 되고 말았다.

- **낮잠은 꼭 재우고, 밤에 자는 시간을 늦추지 않는다**

생후 3개월이 지나면 아기의 수면 체계가 잡힌다. 밤에 몇 시에 자든 아침 6시 무렵이면 깨는 아기가 많은데, 일어나는 시간을 늦추려고 낮잠을 거르거나 밤에 잠자리에 드는 시간을 늦추지 말아야 한다. 아기를 힘들게 만들기 때문이다. 아기는 오늘 적게 잤다고 해서 내일 더 많이 자지 않는다.

## 15

### 혼자 잠드는 법을 훈련하는 시기는?

**시기를 놓치면 스스로 잠드는 능력이 낮아진다**

### 스스로 잠들게 하는 팁

딱 한 번, 침대에 누이자마자 눈을 감고 스르르 잠드는 아기를 목격한 일이 있다. 하지만 우리 딸은 곧잘 울어서 여느 부모들처럼 재우느라 고생을 참 많이 했다. 모든 기술을 총동원했다. 하비 카프 의사의 5가지 스위치, 수유, 안고 걷기, 안고 짐볼에 앉아서 튕기기 등등…. 간신히 잠이 들면 정적 수면에 들어가기를 기다렸다가 침대에 눕히고는 까치발로 살금살금 방에서 나왔다.

'나랑 똑같네…' 하고 공감하는 사람은 생후 6개월 무렵부터 재우는 데 들이는 노력을 서서히 줄이면서 아기 스스로 잠들 수 있게 연습을 시작하자. 수많은 연구를 통해 아기가 자연스럽게 잠드는 데 도움이 된다고 입증된 방법은 아래와 같다.

- 자다 깼을 때는 곧바로 대응하지 않고 잠시 기다린다.
- 푹 잠든 다음이 아니라 졸려 할 때 침대에 누인다.
- 독립된 방에서 재운다.

지금까지 효과가 있던 방법을 바꾸려면 용기가 필요하다. 순한 아기는 변화에 개의치 않을 테지만, 그렇지 않은 아기는 엄마에게 거부 의사를 보일 것이다.

효과적인 방법 중 하나는 재우는 데 들이는 시간을 서서히 줄이고 아기가 울면 방에 돌아와서 다시 재우는 것이다. 몇 차례 들락날락하다 보면 효과가 없는 듯이 느껴지겠지만 그렇지 않다. 아기가 스스로 잠들도록 연습할 기회를 주는 게 목적이니 말이다.

## 한밤중에 울어도 몇 분간 기다린다

한밤중에도 아기가 울면 곧장 다가가지 말고 몇 분간 기다리면서 울음이 격해지는지 관찰한다. 그렇게 아기에게 스스로 잠들 기회를 주는 것이다.

아기 침대를 다른 방에 두는 편이 더 좋다. 자다 깨서 울 때마다 다가가는 일이 없어지고, 자다 깬 아기도 '엄마, 거기 있는 거 보여요. 나 좀 재워 달라고요!' 하고 생각하지 않게 된다.

좀 더 클 때까지는 같은 방에서 자기로 결정했더라도 '자다 깼을 때 곧바로 대응하지 않고 잠시 기다리기', '푹 잠든 다음이 아니라 졸려 할 때 침대에 누이기'는 꼭 실천하자.

이런 어려운 과정을 왜 생후 6개월에 시작해야 할까? 아기는 생후 4개월 전후에 대상 영속성(물체가 눈앞에서 사라져도 계속 존재한다는 사실을 인지하는 능력)이 발달하기 시작한다. 그리고 생후 8개월에 한 번 더 크게 발달하고 나면 대상 영속성을 완전히 이해하게 된다.(생후 3~4개월에 완전히 발달한다고 주장하는 연구자도 있다.) 요컨대 아기는 잠들 때 부모가 곁에 있었는지 없었는지를 기억한다. 잠들 때는 엄마가 옆에 있었는데 자다 깼더니 보이지 않으면 아기는 동요한다. 그리고 잠들었을 때와 똑같은 상황을 재현하려고 울면서 엄마를 부른다. 잠든 동안 입에서 떨어지기 쉬운 고무젖꼭지나 타이머가 달린 음향기기도 동일한 문제를 일으키는 원인이 된다.

따라서 생후 6개월은 수면 교육을 시작하기에 비교적 안정적인 시기다. 하지만 어디까지나 이상적인 기준일 뿐 실제로는 아이마다 차이가 있다. 게다가 이가 나거나 감기에 걸리거나 '급성장기Rapid growth period'를 통과하는 등 수면 교육 외에도 대처해야 할 일이 많다.

부모가 수면 부족에 시달리지 않는다고 해도 아기 혼자 잠드는 법을 훈련하는 시기는 늦추지 말자. 시기를 놓치면 스스로 잠드는 능력이 낮아진다는 연구 결과가 있다.

**최강의 육아 플러스**

### 혼자 잠드는 데 익숙해지지 않는 아이도 있다

캘리포니아 대학교 데이비스 캠퍼스의 멜리사 버넘 교수와 토마스 앤더스 교수는 생후 1개월, 3개월, 6개월, 9개월, 12개월 된 아기 80명이 자는 모습을 촬영해 실험을 했다. 예상대로 많은 아기가 월령이 높아지면서 스스로 잠드는 데 익숙해졌지만, 40퍼센트는 익숙해지지 않았다. 그런데 혼자서 잠들지 못하는 아기에게는 '푹 잠든 후에 침대로 옮겨진다', '부모와 같은 방에서 잔다', '안고 자는 인형이 없다'와 같은 특징이 있었다.

## 16

### 울게 내버려둬도 괜찮을까?

아이 혼자 잠들기 위한 본격 수면 훈련

### 정해둔 시간이 지나고 달래면 된다

아기를 아침까지 안 깨고 푹 자게 하는 비법을 알아보려고 책과 인터넷을 이 잡듯 뒤지다 보면 머리가 복잡해진다. 찬반양론이 분분한 수면 교육법 중 하나는 아기가 울어도 혼자 있게 내버려 두어 스스로 잠들게 하는 방식이다. 반대하는 사람은 아기에게 평생 트라우마로 남을까봐 걱정하고, 찬성하는 사람은 부모와 아이 모두 푹 잘 수 있는 유일한 방법이라고 주장한다. 그러나 장기간에 걸친 연구 결과에 따르면 이 방식이 아기 마음에 상처로 남을 우려는 없다.

호주 멜버른의 머독아동연구기관의 앤 프라이스 박사가 이끄는 연구팀은 생후 8개월 된 수백 명의 아기를 대상으로 울게 내버려두면서 혼자서 잠들게 하는 유형을 두 가지로 나눠서 실험했다.(일반적으로 생후 6개월 미만인 아기에게는 수면 교육을 하지 말아야 한다는 통념이 있다.)

첫 번째 유형은 정해진 시간 동안만 달래주는 방식이다. 아이가 울면 짧은 시간 동안(1분 미만) 등을 토닥이거나 부드러운 목소리로 달래준 다음, 방에서 나가 문을 닫고 3분간 혼자 둔다. 이 방식을 계속 반복하되 두 번째 때는 5분간, 세 번째 때는 10분간 혼자 둔다. 첫날은 혼자 두는 시간을 최대 10분으로 잡고, 일주일에 걸쳐 조금씩 아기가 혼자 있는 시간을 늘려 간다.

두 번째 유형은 점점 멀리 떨어지는 방식이다. 아기 침대 옆에 앉아서 자장가를 부르는 등 목소리만으로 재운다. 3주에 걸쳐 매일 조금씩 의자를 침대에서 멀리 떨어뜨리고 최종적으로는 방에서 나간다.

이 연구에서는 울다 지쳐 잠들게 하는 방식은 포함하지 않았다. 이런 극단적인 방식도 효과는 있지만 연구팀에서는 더 부드러운 방식을 추천한다.

## 울면서 재우는 '수면 교육'의 효과

실험군에 속한 부모는 어느 쪽으로 수면 교육을 할지 선택했고, 두 방법을 모두 시도한 참가자도 있었다. 대조군에 속한 부모는 어느 쪽도 시도하지 않았다.

==실험 결과 단기적으로는 '울려서 재우는' 수면 교육이 효과가 있었다.== 실험에 참여했던 아이들이 생후 10개월이 되었을 때 수면에 문제가 있는 아기는 실험군 56퍼센트, 대조군 68퍼센트였고, 생후 12개월에는 각각 39퍼센트, 55퍼센트였다. 2년 후, 엄마가 우울감을 느끼는 비율도 실험군은 15퍼센트, 대조군은 26퍼센트로 수면 교육을 한 쪽이 더 낮았다.

아이들이 여섯 살이 됐을 때, 한 번 더 추적 조사를 실시했다. 과연 울려서 재우는 수면 교육을 받은 아이는 대조군에 비해 스트레스를 더 많이 받을까? 정신 건강, 사회성, 수면 문제, 부모와의 관계에서 차이가 많이 날까? 아기의 수면 문제와 연관이 있는 엄마의 우울감, 불안감, 스트레스 상태는 어떨까? 조사 결과 모든 항목에서 아무런 차이도 나타나지 않았다.

이 연구의 목적은 우는 아기를 내버려둬야 한다고 주장하려는 게 아니다. 아기를 울게 놔두는 1분이 마치 10분처럼 느껴져 도저히 못 하겠는 사람도 있을 것이다. 이 연구가 말하는 포인트는 ==='정해진 시간 동안만 달래기'나 '점점 멀리 떨어지기' 같은 수===

==면 교육은 이 월령의 아기에게 아무런 해를 끼치지 않으면서 수면 문제를 줄일 수 있다는 점이다.==

## 끈기 있게 지속한다

일단 수면 교육을 시작했다면 매일 똑같이 해야 한다. 중간에 항복해버리면 아기는 부모에게 더 심하게 울며 매달린다.

 곧바로 결과가 나오지 않아서 좌절할지도 모른다. 그렇다고 새벽 2시에 깨어 정신이 혼미한 상태에서 결정을 내리기보다는 1주일 정도 매일 밤의 경과를 노트에 기록해보자. 현재 상태를 객관적으로 파악하는 데 큰 도움이 될 것이다.

## 17

# 낮잠!
# 머리도 마음도 발달시킨다

규칙적인 수면 습관이 문제 행동을 줄인다

### 수면은 어휘력과 기억력에 영향을 준다

어린이의 90퍼센트는 매일 열 시간에서 열한 시간 동안 잠을 자며, 이 수면 시간은 30개월부터 여섯 살까지 유지된다. 아이들은 잠이 부족해도 스스로 잘 모르기 때문에 부모가 의식적으로 매일 밤 충분히 자게 해야 한다.

잠은 아이들의 정서 발달이나 인지 발달에도 큰 영향을 미친다. 한 연구에서 수면 시간이 한 시간만 부족해도 어휘력 검사 점수가 낮아질 가능성이 크다는 결과를 발표했으며, 수면 부족은 언어 습득과 기억력에 손상을 입힌다는 이론도 제시했다.

영국에서 이루어진 또 다른 연구에서는 이르든 늦든 매일 똑

==같은 시각에 잠자리에 드는 아이는 문제 행동이 적다는 결과가 나왔다.== 즉 잠 드는 시각이 불규칙한 기간이 길어질수록 문제 행동은 더 심해지는 것이다. 하지만 일곱 살까지 규칙적인 수면 습관이 생기면 문제는 개선될 수 있다.

## 낮잠은 단기 기억력을 높인다

낮잠은 유아기 어린이의 학습에 도움이 된다. 아이의 단기 기억에는 한계가 있는데 낮잠은 아이의 기억력을 향상시켜주기 때문이다.

한 연구에서 미취학 아동을 대상으로 오전에 기억력 테스트를 한 다음, 한 그룹은 오후 2시에 낮잠을 재우고 한 그룹은 깨어 있게 했다. 그리고 두 그룹 모두 낮잠을 재운 그룹이 깬 시각과 다음 날 아침, 이렇게 두 차례에 걸쳐 기억력 테스트를 실시했다. 테스트 점수는 모두 낮잠을 자지 않은 그룹보다 낮잠을 잔 그룹이 높았다. 아이들의 그룹을 반대로 바꿔서 테스트했을 때도 마찬가지 결과가 나왔다.

## 낮잠을 달게 재우는 비결

그렇다면 어떻게 낮잠을 쉽게 재울 수 있을까? 여기에는 요령과 훈련이 필요하다. 어린이집 교사가 알려준 효과 있는 방법을 공유해보겠다.

우선 낮잠 시간은 점심을 먹은 직후가 좋다. 그리고 아이를 눕히고 팔다리와 손발을 스트레칭 해준다.(등도 살짝 어루만져준다.) 잔잔한 자연의 소리를 배경 음악으로 깔아주는 것도 좋다. 그래도 잠들지 않는다면 침대에서 책을 읽거나 방 안에서 조용히 놀게 하자.

# 18

## 아이를 스스로 움직이게 하는 '할 일 리스트'

"빨리 자!"로는 아이를 재울 수 없다

### 아이가 해야 할 일을 눈으로 볼 수 있게!

매일 밤 "잘 시간이야. 양치질해야지!", "빨리 자자!", "어서!" 하며 아이 뒤를 졸졸 따라다니고 있진 않은가? 여기 아이를 쉽게 잠자리에 들게 하는 비결이 있다. 바로 자기 전 해야 할 일 리스트를 만드는 것이다. 이 리스트가 효과를 보려면 아이와 함께 만들어야 한다. 또한 아이와 함께 한번 규칙을 확실히 정해두면 아이의 의욕도 높아진다.

아이가 스스로 정한 규칙대로 행동하려면 몇 주 이상 걸릴테지만, 익숙해지고 나면 밤마다 한바탕 전쟁을 치르는 일들은 차차 사라진다. "이번엔 이거 해야지!"라고 말하며 아이가 스스로 움직이기 때문이다. 지금 당장 아이와 리스트를 만들어보자.

## 아이와 함께 리스트 만드는 법

우선, 아이와 함께 해야 할 것들을 정리한다. 아이에게 "자기 전에 뭘 해야 할까?" 하고 질문하고 아이의 대답과 설명을 듣는다. 그걸 전부 메모한 다음, 항목을 일곱 개 이하로 줄인다. 예를 들면 목욕, 양치질, 잠옷 입기, 동화책 읽기, 침대에 눕기, 불 끄기 같은 것들이 나올 수 있다. 아이가 아직 어리다면 세 개 정도가 적당하다.

그다음엔 아이와 함께 정한 모든 과정을 그림이나 사진으로 만든다. 아이에게 그림을 그리게 하거나 잘 준비를 하는 아이의 모습을 사진으로 찍어서 포스터 한 장에 순서대로 붙여서 완성한다. ==글자나 체크 박스, 칭찬 스티커를 붙이는 공간은 필요 없다. 칭찬이나 보상으로 의욕을 높이면 효과는 단기적일 뿐이다.== 아이가 다음에 할 일이 무엇인지 한눈에 알 수 있도록 그림이나 사진으로만 정리하자.

그러고 나면 시간을 들여 훈련해야 한다. 하룻밤에 하나씩 집중적으로 연습한다. 하나를 끝낼 때마다 리스트 앞으로 가서 다음 할 일을 함께 확인한다. 그리고 할 일을 다 하지 않으면 어떻게 되는지 미리 설명해준다.

"8시가 되면 불을 끌 거야. 네가 잘 준비를 안 해도 그대로 침대에 눕힐 거고. 대신 엄마는 너를 안아주지도 그림책을 읽어주지도 않고 그냥 나갈 거야."

훈련이 어느 정도 끝나고 아이가 규칙에 익숙해진 후에는 부모가 시키는 대신 아이가 직접 리스트를 확인하게 한다. 만으로 다섯 살 미만이라면 부모가 함께 리스트를 확인하면서 순서대로 진행한다.

"리스트에 다음 할 일이 뭐라고 나와 있어?"
"동화책을 읽기 전에 무슨 일을 해야 했더라?"
"○○을 끝냈으면 이제 뭘 해야 할까?"
"같이 정했잖아. 다음 할 일이 뭐였지?"

## 아이가 힘들어 한다면?

같이 규칙을 정했음에도 힘들어하는 아이들이 있다. 하기 싫다고 버티는 경우도 있다. 어떻게 해야 할까? 우선은 조용히 포스터 쪽을 가리키거나 포스터 앞까지 데리고 가서 다시 말해준다. "양치질 다 하면 그림책 읽는 시간이네?" 하고 순서를 가르쳐주거나 "엄마는 네 방에 먼저 가 있을게. 잠옷 다 갈아입으면 엄마한테 와" 하고 말해줘도 좋다.

조용히 이야기해도 힘들어할 경우에는 아이의 상황이나 마음을 다시 한 번 읽을 시간이 필요하다. 시애틀에 거주하는 육아전문가이자 사회복지사인 사리나 냇킨의 집에서는 잠자리에 들기 전 5분 동안 가족이 다 함께 춤을 추거나 간지럼 태우기 놀이를 하기 시작한 다음부터는 잠잘 준비가 순조로워졌다.

냇킨은 "해야 할 일 리스트를 만들어 연습을 반복해도 계속 제자리걸음이라면 부족한 점이 무엇인지 찾아내야 한다"고 말한다. 아이가 엄마랑 좀 더 함께 있고 싶은 건 아닌지, 항목에 문제가 있는 건 아닌지 점검해보는 것이다.

아이가 자주 침대에서 나와 무언가를 요구한다면, 그 요구 사항을 매일 밤 해야 할 일에 추가하자. 쿠폰 제도를 만들어 '매일 밤 두 장까지' 등으로 한도를 정해서 아이의 요구를 들어주는 방법도 좋다.

무슨 방법을 써도 효과가 없다면 가족회의를 열어서 다른 해결책을 의논해볼 필요도 있다. 아이들을 충분히 그리고 수월하게 재우기 위해서는 가족 모두의 관심과 논의가 필요하다.

# 19

## 모유 수유를 한다면
## 놓치지 말아야 할 필수 지식

모유를 먹이면 정말 아이의 두뇌가 좋아질까?

### 모유 수유는 시도할 만한 가치가 있다

모유 수유는 힘들지만 노력한 만큼 보람이 있다. 모유는 단순한 음식이 아니다. 엄마의 몸은 그날그날 아기의 필요에 따라 모유의 양 외에도 호르몬, 면역 인자, 장내 세균의 먹이가 되는 당분 등을 조절한다. 연구자들이 아직 밝혀내지 못한 효과도 많을 것이다.

하버드 대학교 보스턴 어린이병원의 연구에서 1,300명이 넘는 엄마와 아이의 데이터를 조사했다. 사회·경제적 지위나 엄마의 지능, 가정에서 양육했는지 어린이집에 보냈는지와 같은 변수를 고려해 관측한 결과 모유 수유 기간이 길수록 세 살 때는 어휘력 검사 점수가, 일곱 살 때는 지능 검사 점수가 높았다. ==모유 수유 기간이 한 달씩 길어질 때마다 아이의 IQ가 3분의 1점씩 높아진다는 결과도 있었다.== 12개월 동안 모유 수유를 한 아이의 IQ는 모유 수유를 하지 않은 아이보다 4점이나 높았다. 하지만 모유 수유를 하지 않더라도 아이의 지능을 높이는 방법은 아주 많다.

모유를 먹이겠다고 결정했다면 마음을 느긋하게 먹어야 한다. 모유 수유는 꾸준히 지속하기가 쉽지 않기 때문이다. 미국에서는 60퍼센트의 여성이 모유만을 먹이고 싶어 하지만 그중 3분의 2는 중간에 포기한다. 젖몸살이 심해서, 모유가 충분히 나오는지 걱정돼서, 아기가 잘 빨지 못해서 같은 이유 때문이다. 아마 많은 산모들이 이런 경험이 있을 것이다. 하지만 올바른 방법을 익히면 상황은 얼마든지 바뀔 수 있다.

### '엄마의 편안한 자세'가 키포인트

모유 수유를 할 때는 '엄마의 편안한 자세'가 무엇보다 중요하다. 자세가 불편하다면 엄마나 아기의 몸을 움직여 위치를 적절하게 재조정한다. 젖꼭지가 아파서 고통스러울 때는 아기를 잠시 떼어놨다가 다시 물리는 것이 좋다. 또한 모유 수유로 엄마가 목, 손목, 유두에 통증을 느끼지 않아야 한다.

　엄마와 아이 모두가 행복한 모유 수유를 하기 위해서는 먼저 엄마가 편안한 자세를 취한다. TV를 볼 때처럼 소파에 살짝 걸터앉아서 등을 기대어 편한 각도로 아기 배를 가슴에 밀착시키고 아기에게 젖을 찾게 한다. 눕거나 반듯하게 앉는 자세보다는 이러한 자세가 모유 수유에 훨씬 적합하다. 몸 전체로 아기를 받치므로 팔이 아프지 않다는 장점도 있다.

## '배고프다'는 신호를 놓치지 않는다

모유 수유는 아기가 울고 있을 때보다는 기분이 좋을 때 연습한다. 그래야 아기도 편안하게 혀를 제대로 움직인다. 따라서 손을 입으로 가져가는 등의 배고프다는 신호는 가능한 놓치지 말고, 칭얼거리기 전에 미리 젖을 물리자. 아기가 보채며 울 때는 달랜 다음에 수유를 시작하는 게 좋다.

　**모유는 아기가 먹을수록 더 많이 나온다.** 의사가 분유를 먹이라고 권유했지만 나중에라도 모유 수유를 하고 싶다면 지금 바로 유축을 시작하자. 참을 수 있다면 유축기를 가장 높은 단계로 설정해야 한다. 왜냐하면 아기가 젖을 빠는 힘이 유축기 압력보다 더 세기 때문이다.

## 적극적으로 도움 구하기

앞서도 이야기했듯이 모유 수유는 절대 쉽지 않다. 그래서 중도에 포기하는 엄마들이 많다. 하지만 도움을 받으면 그 어려운 모유 수유도 조금은 쉬워진다. 그러니 주변에 적극적으로 도움을 구하자. 모유 수유 방법에 대한 도움뿐 아니라 엄마가 기분 좋게 모유 수유를 하기 위한 환경을 조성하는 데도 주변 도움이 필수적이다.

- **모유 수유를 지원하는 산부인과나 산후조리원을 찾아본다**

생각보다 모유 수유를 적극적으로 지원해주는 산부인과나 산후조리원이 많다. 아이가 태어나기 전에 미리 조사해두고, 분만하는 병원이 모유 수유를 지원하지 않더라도 출산 전에 담당 의사와 상의하자.

- **모유 수유하는 방법을 '제대로' 배운다**

모유 수유 방법을 배울 수 있는 곳은 의외로 많다. 친정엄마의 도움을 받을 수도 있고, 임산부들을 위한 산모 교실에서도 미리 배울 수 있다. 집으로 부를 수 있는 모유 수유 컨설턴트나 산후도우미와 같은 전문가들도 있고, 지역에 따라서는 보건소에서도 배울 수 있으니 가능한 자세히 제대로 배워두자.

- **남편, 친척, 친구에게 도움을 받는다**

갓 아이를 낳은 산모는 아기처럼 보살핌이 필요한 존재다. 출산한 여성의 몸은 몹시 약해진 상태이므로 꼭 회복 기간이 필요하다. 아기가 태어나면 엄마는 자신이 먹을 식사와 물, 집안일을 다른 사람에게 부탁하고 수면과 모유 수유에만 집중해야 한다.

그런데 사회적으로 아이를 낳으면 곧바로 청소나 요리나 운동에 복귀하기를 기대하는 경향이 있다. 그런 흐름에 절대 휘둘리지 않도록 하자.

- **함께 모유 수유하는 친구를 늘린다**

공공장소에서 마음 편히 수유할 수 있도록 도와주거나, 모유 수유를 부정적인 시선으로 바라보는 사람들에 대한 불만을 주고받거나, 유축을 포기하지 않도록 격려해주는 친구가 있으면 마음이 든든하다. 산부인과나 산후조리원, 지역 온라인 커뮤니티 등을 통해 비슷한 시기에 출산해 도움을 주고받을 수 있는 친구를 찾아 사귀어보자.

---
**20**

### '밥 먹이기 전쟁'은 이제 그만! 스스로 밥 잘 먹는 아이의 비밀

아이의 "그만 먹을래"를 존중한다

---

## 아이에게 공복감과 만복감을 알려주자

골고루 잘 먹는 아이들도 많지만, 보통의 경우 아이들은 자신이 좋아하는 것만 먹으려고 하고 먹는 시간도 오래 걸리는 경우가 많다. 또 밥 이외의 군것질을 더 좋아하는 경우도 많아 대부분의 부모에게 밥 먹이기는 육아의 힘든 과제 중 하나다.

부모는 아이가 한 숟가락이라도 더 먹기를 바라며 이런 저런 방법을 시도하지만, 아이의 입장에서 한번 생각해보자. 밥 먹는 내내 감시하고 재촉하고 한 입 먹을 때마다 환호성을 터트리는 사람이 주변에 있다면…. 상상만 해도 귀찮지 않을까?

부모의 역할은 영양이 풍부한 음식을 아이에게 제공하는 것이다. 언제, 어디서, 무엇을 먹을지는 부모가 결정한다. 하지만 <mark>먹을지 말지와 얼마나 먹을지는 아이가 결정해야 할 몫이다.</mark>

아이 몸에 무엇이 얼마나 필요한지는 그날그날 자연스럽게 달라진다. 아이의 몸이 보내는 신호를 신뢰하자. 신호를 무시한 채 부모가 먹이고 싶은 양만을 강요하면, 부모는 좋은 뜻으로 하는 행동이지만 아이는 몸이 보내는 공복감과 만복감의 신호를 무시하도록 학습한다. 그러면 음식을 대하는 자세가 건전하게 형성되지 않는다.

부모의 마음은 모두 같다. 그러나 아이가 "이제 그만 먹을래" 하고 말했다면 "정말 그만 먹을 거야? 그러지 말고 딱 한 입만 더 먹자" 하며 억지로 먹이고 싶은 마음을 억누르자.

## 즐거운 식사 시간 만들기

아이와 함께하는 식사 시간은 즐거워야 한다. 즐겁지 않으면 금세 딴 데로 주의를 돌리기 마련이다. 아이가 좋아하는 그릇이나 숟가락, 포크를 준비하고 아이의 관심을 끌기 위한 약간의 놀이를 곁들여보자.

어린아이는 부모가 먹는 모습을 관찰하고 흉내 내는 것을 매우 좋아한다. 우리 딸은 아빠와 엄마 흉내 내기를 아주 좋아해서 어린이용 접시 대신 어른용 접시에 음식을 담아주면 즉시 흥미를 보인다. 나는 때때로 "엄마 한 입, 아빠 한 입, 우리 딸 한 입" 하면서 먹이기도 한다.

밥을 먹는 것은 한두 번으로 끝나는 일이 아니다. 평생 계속되는 일이다. 매일 반복되는 식사 시간을 즐겁고 건강한 시간으로 만들기 위해서는 부모의 노력과 약간의 규칙이 필요하다.

### • 매일 정해진 시간에 함께 식사한다

연구에 따르면 가족이 모여서 식사하면 다양한 음식과 충분한 영양을 섭취할 수 있다고 한다. 부모가 식사를 자주 거르거나 간단히 때우는 모습을 보여주면 아이 역시 식사를 그렇게 취급하게 된다.

또 아이가 식사 시간이나 간식 시간이 아닐 때 무언가 먹고 싶어 한다면 음식 말고 물을 주자. 규칙적으로 밥과 간식을 먹으면 몸의 리듬도 규칙적으로 변해 낮잠을 더 잘 잘 수 있다.

### • 새로운 식재료는 오감으로 친숙해지게 한다

새로운 식재료는 만지게 하고, 냄새를 맡게 하고, 부모가 먹는 모습을 보여주고, 입에 조금 넣어주면서 천천히 익숙해지게 만든다. 뱉어내더라도 완전히 거부하는 게 아니라 언젠가 먹기 위한 준비 중이라고 생각하자.

- **새로운 식재료를 가능한 한 자주 식탁에 낸다**

아이는 새로운 음식에 아주 신중해서 적응하기까지는 부모의 생각보다 훨씬 더 오래 걸린다. 2주 동안 새 메뉴를 8번 줘도 많은 편이 아니다. 다양한 음식을 만들어주되, 아이가 배불리 먹을 수 있도록 익숙한 요리도 함께 만들어주는 게 좋다.

- **반복해서 애원하거나 강요하지 않는다**

"한 입만 먹자, 딱 한 입만. 자, 얼른!" 하고 다그치지 말자. 연구에 따르면 강요를 많이 할수록 아이는 음식을 거부한다.

- **협상하지 않는다**

"이거 먹으면 ○○ 줄게" 하며 보상으로 유혹하면 익숙지 않은 식재료에 빨리 관심을 보이게 하는 효과는 있지만 길게 보면 그리 좋은 전략이 아니다.

한 연구에서 빨간 피망 조각을 주면서 첫 번째 그룹에는 "먹고 싶은 만큼 먹으렴"이라고 말하고, 두 번째 그룹에는 "한 조각 먹을 때마다 원하는 스티커를 줄게. 먹고 싶은 만큼 먹으렴" 하고 말했다. 그 결과, 보상을 받기로 한 두 번째 그룹의 아이들은 곧바로 피망에 손을 뻗었지만, 시간이 지남에 따라 첫 번째 그룹의 아이들이 피망을 더 많이 먹었고 더 좋아했다.

---
## 21

### 피할 수 없는 기저귀 떼기,
### 언제 어떻게 시작할까?

기저귀 탈출을 위한 효과 만점 배변 훈련법

---

## 언제 시작할까?

배변 훈련을 '늦게 시작할수록 좋다'는 증거는 없다. 그러나 아이에게 창피를 주거나 강요하기보다는 부드럽게 진행하는 게 좋은 것만은 확실하다.

2차 세계대전 이전에는 부모 대부분이 8개월 된 아기를 꾸짖고 벌주며 엄격하게 배변 훈련을 했다. 이는 변비가 생기거나 대소변이 마려워도 참거나 화장실을 꺼리는 등의 문제로 이어졌다. 이후 소아과 의사인 T. 베리 브라젤튼이 '이르고 엄격한 배변 훈련이 좋다'는 고정관념을 바꾸는 데 큰 역할을 했으나 문제는 그의 연구가 도리어 몇몇 부모들이 아이가 받아들일 때까지 배변 훈련을 늦춰야 한다고 이해하게 만들었다는 것이다. 그 탓에 아이에게 기저귀를 채우는 기간이 점점 길어져서 기저귀 회사는 점점 큰 사이즈의 기저귀를 판매하게 되었다.

아이를 기다려준다고 해서 마냥 기다릴 필요는 없다. ==배변을 하는 간격이 길어지고 일정해지면 아이의 몸이 준비를 마친 것이다.== 이때 약간의 훈련을 하면 아이를 도와줄 수 있다.

## 부드러운 배변 훈련법

배변 훈련은 방광과 장을 완벽하게 조절하지 못하더라도 용변을 잠시 참을 수만 있다면 얼마든지 가능하다. 많은 부모가 일반적으로 배변 훈련을 시작하는 만 두 살 무렵에 방광과 장을 완벽하게 조절하는 아이는 20퍼센트에 불과하다.

==배변 훈련을 천천히 시작할 계획이더라도 32개월을 넘기지는 말자.== 방광을 완전히 비우지 않으면 방광염에 걸릴 위험이 높으며 방광 조절 능력이 약해질 가능성도 크다.

배변 훈련을 할 때 무엇보다 중요한 것은 언제 시작하든 다정하게 가르치는 것이다. 몇 가지 요령을 소개한다.

### • 화장실에 갈 기회를 준다

억지로 변기에 앉히거나 보상을 줘서 화장실에 가게 하기보다는 기회만 주고 상황을 지켜보자. 화장실에 갈지 말지는 아이가 결정하게 한다. 부모는 아이가 변기에 앉아 있도록 노력하되 거부하더라도 화내지 말아야 한다.

남편과 나는 딸이 변기에 오래 앉아 있게 하려고 근처에 쪼그리고 앉아서 노래를 부르거나 책을 읽거나 비눗방울을 불어준다. 딸아이에게 "응가가 나오려면 시간이 조금 걸릴 거야. 앉아서 몸을 앞으로 구부리고 기다려보자" 하고 가르쳐준다. 달아나려고 하면 "아직 안 끝났어. 다시 와서 앉아!"가 아니라 "응가 나왔어?" 하고 물어본다.

### • 정기적으로 화장실에 갈 시간이라고 말해준다

엉거주춤한 자세로 안절부절 못하는 22개월 된 딸에게 "화장실 가고 싶어?"라고 물은들 "아니"라는 대답만 돌아온다. 자기 전과 일어난 후, 외출 전후, 밥을 먹고 30~60분 지난 후에 화장실에 가자고 말해주자.

우리 집에서는 그때마다 "자, 화장실 갈 시간이야"라고 말해준다. 외출했다가 돌아왔을 때는 딸에게 "집에 오면 제일 먼저 해야 하는 일이 뭐였더라? 화장실에 가야지?" 하고 상기시킨 다음 "엄마가 도와줄까? 어떤 노래 불러줄까?" 하고 덧붙인다. 그러다 보면 아이는 일러주지 않아도 화장실 갈 시간을 미리 인식하게 된다.

- **담백한 태도로 대응한다**

아이가 "화장실 갈래" 하고 말했다면 "그래? 잘 갔다 와" 하고 가볍게 대응하자. 부모가 주변에서 뱅글뱅글 맴돌거나, 때는 이때라는 듯 장황하게 설명을 늘어놓으면 아이 마음이 바뀔 가능성이 대단히 높다.

일을 다 보고 나왔을 때 "응가하느라 수고했어" 하고 말해주면 만족스러운 미소를 지을 것이다. 부모가 유난을 부리며 환호성을 지르거나 손뼉을 치면 다음번에 화장실에 갔을 때 칭찬받으려는 마음에 '성과물'을 보여주러 올지도 모른다!

- **기저귀를 차지 않는 시간을 만든다**

내가 가장 선호하는 배변 훈련법은 무조건 기저귀 벗기기다. 아이가 아무리 어려도 낮 동안에는 꽤 오래 기저귀를 차지 않고 지낼 수 있다. 생후 몇 개월이 지나지 않았을 때부터 기저귀를 가는 동안 엉덩이 밑에 작은 병이나 단지를 대놓거나 아기 몸을 잡고 변기에 앉혀둘 수 있다. 부모가 용변을 보는 동안 아기용 변기에 앉혀둘 수도 있다. 30~60분 간격으로 아기용 변기에 앉혀서 대소변을 처리하는 부모도 있다.

용변을 볼 때는 쉬쉬, 끙끙 하고 소리를 내자. 아이는 머지않아 이 소리를 화장실에 가는 신호로 인식해서 화장실에 가고 싶을 때 부모에게 알려주는 용도로 사용하게 된다.

나는 생후 12개월부터 집에 있을 때는 기저귀를 채우지 않았다. 물론 카펫 청소기와 걸레를 손에서 내려놓을 새가 없었다. 딸아이는 머지않아 스스로 아기용 변기에 앉게 되었지만, 노는 데 정신이 팔려 있을 때면 깜빡하곤 했다. 이제 와서 돌이켜보면 좀 더 자주 아기용 변기에 앉으라고 말해줄 걸이라는 생각이 든다.

### • 밤에 잘 때는 무리하지 않는다

대부분의 아이는 네 살에서 다섯 살까지 밤에 기저귀를 차고 잔다. 의학적으로 야뇨증이라는 용어는 다섯 살 미만의 어린이에게는 적용되지 않는다.

4장

# 상상력과 창의력을 갈고닦는 놀이의 기술

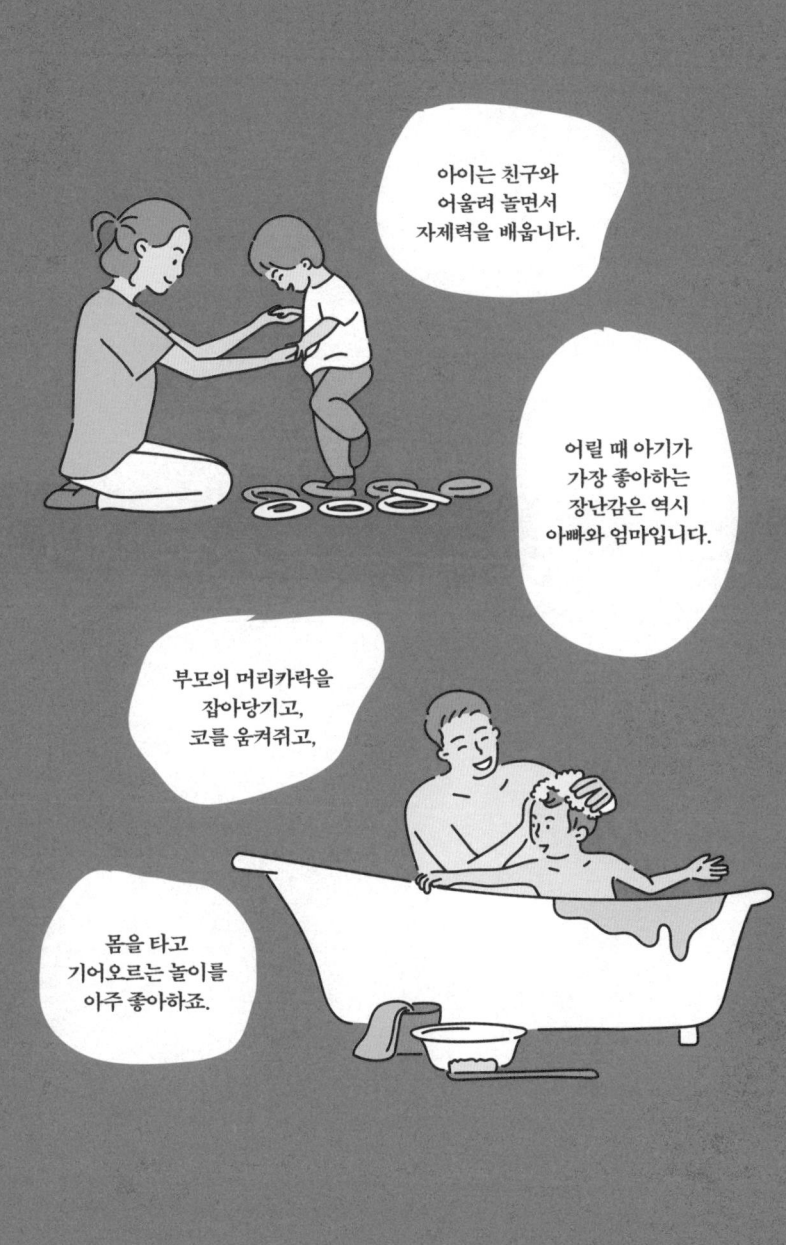

## 22

# 아이는 온몸으로 느끼며 배운다

**촉각을 활용한 놀이로 두뇌를 튼튼하게!**

### 아기는 입으로 감촉을 확인한다

아기의 촉각은 입에서 시작해 위에서 아래 순으로 발달한다. 아기가 물건만 보면 입으로 가져가는 이유는 그 때문이다. 우리 딸은 특히나 바닥에 굴러다니는 돌을 좋아해서 보기만 하면 입에 넣었다. 생후 1개월 아기는 시력이 완벽하게 발달하지 않아 물건을 정확히 볼 수는 없지만, 입에 넣으면 그 물건의 외형을 인식할 수 있다고 한다.

입으로 넣는 것을 못하게 하면 오히려 역효과가 날 수 있다. 아이가 입에 넣으면 안 되는 것들, 예를 들어 날카롭거나 목에 걸릴 수 있는 작은 물건이나 어른이 먹는 알약 등과 같은 것들은 아이의 손이 닿는 곳에서 치우자. 그리고 자주 입에 넣는 물건은 깨끗하게 관리해, 마음껏 입으로 물건을 느낄 수 있도록 하자.

## 언제 어디서든 만져보게 한다

촉각이 입에서 몸으로 내려가는 데는 시간이 걸린다. 다섯 살까지도 얼굴이 손바닥보다 민감하다. 따라서 아이가 어릴 때는 다양한 물건을 직접 온몸으로 만지며 체험하게 하자.

　새로운 자극을 주려고 물건을 잔뜩 사들일 필요는 없다. 주변을 둘러보면 새로운 자극을 접할 요소는 얼마든지 있으니까. 예를 들어 요리할 때 바스락거리는 양파 껍질이나 오돌토돌한 아보카도 껍질을 만지게 하거나, 옷장에서 안 입는 캐시미어 스웨터나 가죽 바지를 꺼내 만지게 한다. 이런 자극들은 아이들 장난감에서는 찾아보기 어렵다. 또 산책 중에 멈춰 서서 꽃향기를 맡거나, 가벼운 접촉에 불쾌함을 느끼지 않는 생후 8개월 이후부터는 꽃잎이나 나뭇잎으로 아기 피부를 부드럽게 쓰다듬는 것도 좋다.

　우리 딸은 산책 중에 쓰레기통 뒤에 숨거나 재활용품 수거함을 만지는 것을 좋아했다. 처음에는 말리기도 했지만, 어느덧 '나중에 씻겨주지, 뭐' 하고 받아들이게 되었다.

## 23

# 두뇌 발달에는
# 어떤 장난감이 가장 좋을까?

**상상력을 자극하는 물건이 최고의 장난감!**

## 비싼 장난감은 필요하지 않다

아이의 두뇌 발달에는 어떤 장난감이 가장 좋을까? 소리가 나거나 춤을 추거나 번쩍번쩍 빛이 나서 아이의 관심을 끄는 장난감? 아니다. 아이가 '머리를 써야 하는' 장난감, 즉 아이의 상상력을 발휘하게 하는 장난감이 가장 좋다.

장난감 회사는 '아기의 발달을 자극한다'는 광고 문구가 설령 과학적으로 입증되지 않았다 해도 부모의 구매 욕구를 자아낸다는 사실을 아주 잘 알고 있다. 예컨대 내가 선물로 받은 부드러운 천 재질의 손목 딸랑이 패키지에는 "소리가 나는 방향을 인식하는 능력을 길러준다"라고 쓰여 있었다. 과연 정말 그럴까?

다음과 같은 단순한 물건이야말로 최강의 장난감이다.

- 다양한 크기의 뚜껑이 달린 병이나 그릇
- 물이나 흙, 말린 콩과 아이가 이것들을 이쪽저쪽으로 옮겨 담으면서 놀 수 있는 컵
- 기어오르거나 타고 넘으며 장애물놀이를 할 쿠션이나 베개
- 다양한 크기와 재질의 공
- 여러 가지 모양을 조립할 수 있는 블록(블록놀이는 공간 능력, 수학적 사고력, 문제 해결 능력, 협동심을 키워준다.)
- 여러 가지 인형(인형놀이는 사회성과 배려심을 길러준다.)
- 요새를 만들 의자와 담요
- 자동차나 우주선을 만들 빈 상자와 매직펜
- 스카치 테이프나 마스킹 테이프

**잊지 말아야 할 것은 아기에게 최고의 장난감은 '부모'라는 사실이다.** 아이는 부모가 안고 빙글빙글 돌거나 좌우로 흔들어주고 공중으로 던지거나 간지럼 태워주는 것을 좋아한다. 아빠나 엄마 몸을 타고 오르거나 바닥에서 함께 장난감 갖고 노는 것도 아주 좋아한다.

## 장난감 비용을 절약하는 팁

따로 돈을 들여 사지 않아도 다음과 같은 물건들은 아기에게는 최고의 장난감이 된다.

- 열쇠, 지갑, 휴대전화
- 리모컨이나 계산기(버튼을 반복해서 눌러본다.)
- 손거울(얼굴이나 물건을 비춰보는 것도 좋아하고 반사되는 빛을 따라다니기도 한다.)
- 엄마나 아빠의 신발(발을 넣고 논다.)
- 엄마나 아빠의 속옷(목에 칭칭 두르고 논다.)
- 장난감이 들어 있던 상자(던지거나 쌓는다.)
- 과일(한 입 베어 먹고는 그릇에 다시 올려둔다.)
- 빨래 바구니나 큰 상자(들어가서 논다.)
- 서랍이나 옷장(열쇠, 지갑, 휴대전화를 숨겨놓는다.)

## 최고의 놀이 공간이란?

놀이 공간이 어디에 있고 얼마나 큰지는 중요하지 않다. 우리 집의 경우는 거실 한가운데가 아이들의 놀이 공간이다. 놀이 공간은 아이가 다양한 경험을 쌓을 수 있는 기회를 주는 데 중점을 둔다.

연주할 악기, 변장할 옷, 그림 그리기 재료, 만들기 재료, 현미경, 계산기, 과학놀이 세트, 신문, 잡지, 블록, 종이상자, 종이심, 인형, 컵 등 예술, 과학, 상상 놀이에 필요한 도구를 준비해둔다.

아이의 관심사를 고려하되 다양하게 경험하게 하자. 만일 아이가 쓰레기 수거차, 요정, 공룡 등 한 가지에만 집착한다면 화제를 다른 쪽으로 돌린다. 탁 트인 대자연 같은 근사한 놀이 공간도 자주 체험하게 해보자.

## 24

# 아이에게 음악을 가르쳐야 하는 이유

감성과 지성을 키우는 인생의 소중한 선물

### 아이가 가장 좋아하는 소리는 부모의 목소리

아이와 함께 있으면 노래할 기회가 늘어난다. 나는 딸아이와 가로수 길을 산책하던 도중에 유아용 인터넷 라디오 방송에서 들었던 노래가 문득 떠올라 무심결에 흥얼거렸다.

"그 나뭇가지에 달린 잎은 세상에서 제일 예뻐요."

음정이 틀려도 상관없다. 다행히도 아이는 그 어떤 소리보다 부모의 목소리를 좋아하고, 그 어떤 노래보다 직접 불러주는 노래를 좋아한다.

나는 집에 있을 때 딸과 함께 노래를 부른다. 딸아이의 실로폰으로 '반짝반짝 작은 별'을 연주하면서. 내가 3년간 배운 피아노를 써먹을 수 있는 유일한 순간이다!

그리고 우리는 부모와 아이가 함께하는 음악교실에 다닌다. 딸에게 사회 경험도 시키면서 인류가 오랜 옛날부터 가까이해 온 음악의 즐거움을 맛보게 해주기 위해서다. 딸아이는 집에 없는 악기를 연주하거나, 깡충깡충 뛰고 춤추며 리듬을 익히거나, 음정을 맞춰보며 신나게 뛰논다.

## 음악을 배우면 영리해진다?

음악가는 다른 직종의 사람들보다 여러 면에서 더 똑똑하다. 뇌는 음악을 들을 때 리듬, 음색, 음정을 처리하기 위해 많은 회로를 사용한다. 그래서 뇌의 청각 영역뿐 아니라 운동 기능, 감정, 창의력을 담당하는 영역도 함께 반응한다. 따라서 음악을 듣고 배운 사람은 추상적 사고력, 수학적 사고력, 독해력, 어휘력, 운동 능력, 공간 지각력, 작업 기억working memory(외부에서 들어온 단기 기억을 능동적으로 처리해서 장기 기억으로 굳히는 능력—옮긴이)이 그렇지 않은 사람보다 뛰어나다.

다만 이런 능력과 음악 교육이 직접적으로 연관이 있는지는 아직 밝혀지지 않았다. 따로 음악 교육을 시킬 여력이 있는 부모라면 자녀에게 책을 많이 읽어줄 가능성이 높고, 그것이 독해력이나 어휘력을 높여주는 다른 원인일지도 모른다. 혹은 원래부터 인지력이 높은 아이가 음악 수업에 매력을 느낀다고 생각할 수도 있다. 인과관계를 입증하려는 실험이 여러 차례 이루어졌지만 명확한 결과를 얻지는 못했다.

## 마음의 언어, 음악

그렇다고 음악을 교육하는 목적이 두뇌 향상을 위해서만은 아니다. 음악은 만국 공통어다. 사람이라면 누구나 음악에 매력을 느낀다. 하버드 대학교 심리학자인 로저 브라운은 "언어가 없는 인간 사회가 확인된 일이 없듯 음악이 없는 인간 사회 역시 발견되지 않았다"라고 말했다.

똑같은 소리라도 머릿속을 표현하는 수단이 '언어'라면, 마음을 표현하는 수단은 '음악'이다. 언어를 학습하는 데 이유가 필요치 않다면 음악 역시 마찬가지다.

전미음악교사협회 이사이자 음악교사인 캐서린 B. 헐은 '왜 음악을 가르치는가?'라는 논문에서 음악을 다각도로 해석했다.

- **음악은 과학이다**

음악은 구체적이고 정확하다. 지휘자의 악보는 주파수, 강도, 음량 변화, 멜로디, 화성이 전부 표시되어 있으며, 시간을 정확하게 제어하는 도표다.

### • 음악은 수학이다

음악은 짧은 시간 단위로 쪼개진 마디가 규칙적으로 순환하며 대부분 여러 조합이 동시에 이루어진다.

### • 음악은 외국어다

음악은 영혼을 울리는 가장 완벽하고도 보편적인 언어다. 뿐만 아니라 대부분의 음악 용어는 이탈리아어, 독일어, 프랑스어이며 악상을 표기할 때는 기호를 사용한다.

### • 음악은 역사다

음악은 창작된 환경과 시대를 반영하며 문화를 오래도록 살아 숨 쉬게 한다.

### • 음악은 체육이다

음악은 엄청난 근육 조절 능력과 더불어 손가락, 손, 팔, 발, 입술, 볼 등을 모두 조화롭게 사용해야 한다.

## 음악을 가르쳐야 하는 이유

헐은 우리가 음악을 전공하기 바라거나, 평생 악기를 연주하고 노래하길 바라기 때문에 음악을 배우는 것이 아니라고 말한다. 음악을 가르치고 배워야 하는 중요한 이유는 음악이 인간다운 삶을 누리게 하고, 미의식을 갖추게 하고, 삶을 더 풍요롭게 하고, 더 많이 사랑하고 공감하며 다정한 사람으로 성장하게 만들기 때문이다. 또 음악을 통해 이 세상 너머의 무한한 세상과 가까워질 수도 있다.

요컨대 우리는 더 행복한 삶을 누리기 위해서 음악을 가르치고 배운다. 어떻게 살아야 할지 모른다면 풍요로운 인생은 얻을 수 없다. 음악은 평생의 선물이다.

아이가 음악과 가까워지게 하는 방법은 다양하다. 아이가 다른 활동을 할 때도 가사가 없는 음악을 조용히 틀어놓는다든지, 장난감 통에 다양한 악기를 넣고 하나씩 꺼내 합주를 해볼 수도 있다. 빈 플라스틱 통에 콩이나 쌀 등을 넣어 흔들면서 소리의 차이를 느껴본다든지, 다양한 그릇이나 상자를 엎어놓고 막대로 두드리며 리듬에 대해 배워볼 수도 있다. 도서관이나 문화센터, 지역 교향악단 등에서 운영하는 음악 교실을 이용하면 저렴한 비용으로 전문적인 교육을 받아볼 수도 있다.

## 25

# 다른 아이에게
# 장난감을 빼앗겼다면?

남을 이해하고 도와주는 방법은 어떻게 가르칠까?

### 18개월에는 "그래, 이거 너 줄게"가 불가능하다

아이는 18개월이 되면 친구와 장난감 쟁탈전을 시작한다. 그럴 때면 부모 대부분은 내 아이의 손에서 장난감을 빼앗아 친구에게 돌려주고는 "친구가 갖고 놀고 있었잖아" 하며 나무란다. 아이가 얼굴을 잔뜩 일그러뜨리며 눈물을 뚝뚝 흘리면 부모는 이렇게 말한다. "같이 갖고 놀아야지. 우리 ○○, 그럴 수 있지?"

아니, 그럴 수 없다. 한 실험에서 친구에게 음식을 나눠주든 나눠주지 않든 자신은 동일한 양을 받을 수 있다는 설정으로 아이들을 관찰했다. 그 결과 25개월 된 아이는 57퍼센트가 음식을 나눠주었지만, 18개월 된 아이는 자기한테 아무런 손해가 없는 데도 고작 14퍼센트만이 음식을 나눠주었다.

부모는 아이가 친구와 사이좋게 놀기를 원한다. 그러나 아이가 이타적인 행동을 하기까지는 여러 발달 과정을 거쳐야 한다.

## 아이는 도움 주기를 좋아한다

하지만 아기들은 남을 잘 돕는다. 자기가 좋아하는 음식을 친구에게 주거나 엄마의 청소를 도와주려고 한다. 가르치지 않아도 그런 일이 가능하다. 진화인류학자들은 '인간은 협력하는 존재'라고 입을 모아 말한다. 그래서 종의 존속이 가능했던 것이다.

단지 아이들은 다른 사람들을 도와줘야 한다고 인지하는 데 익숙하지 않을 뿐이다. 남에게 도움을 주는 행동은 상대방의 감정이나 심리 상태를 추측할 수 있는 능력을 필요로 한다. 그래서 아이들은 단순한 도움부터 시작해 범위를 확장해나간다.

- **물리적인 도움**

생후 12~14개월 무렵부터는 물건을 찾아주거나 집어주는 등의 단순한 도움이 가능하다. 18개월 무렵부터는 도움의 범위가 점점 넓어지면서 장애물을 극복하거나 도구를 이용하거나 최종 목적을 이해하면서 돕는 것이 가능해진다.

- **감정적인 도움**

아이는 18개월 전후부터 다른 사람을 걱정하거나 위로하는 행동을 시작한다. 다만 감정을 바탕으로 한 도움은 아직 한정적이다. 30개월쯤에는 더 능숙해져서 분명하게 말해주지 않아도 다른 사람의 감정이나 의향을 헤아릴 수 있고, 때로는 무엇을 원하는지까지 추론할 수 있다.

- **이타적인 도움**

30개월 즈음부터 아이는 다른 사람이 무엇을 원하는지 이해하기 시작하지만, 아직 소중한 물건을 포기하기는 어렵다. 3세 전후에는 '이타적 행위에는 희생이 필요하다'는 사실에 대한 이해가 깊어지면서 일시적으로 자기 물건을 이전보다 더 남과 나누기 싫어하는 시기가 온다.

## 아이가 도울 수 있게 '도와준다'

아이가 다른 사람을 도와줘야 한다는 사실을 이해하는 데는 어느 정도의 정보가 필요할까? 피츠버그 대학교의 마르가리타 스베틀로바 교수 연구팀은 어른이 감기에 걸린 척하는 실험을 했다. 어른 손에는 닿지 않지만 아이 손에는 닿는 곳에 담요를 두고, 아이가 담요를 갖고 올 때까지 5~7초 간격으로 점점 더 분명한 신호를 보냈다.

- **1단계. 몸짓을 한다**: "으으" 하는 소리를 내면서 몸을 떨고 손을 문지르고 몸을 감싸 안는다.
- **2단계. 상태를 말로 설명한다**: "너무 추워."
- **3단계. 필요한 물건을 막연하게 말한다**: "몸을 따뜻하게 할 물건이 필요해."
- **4단계. 필요한 물건을 정확하게 말한다**: "담요가 필요해!"
- **5단계. 말없이 요구한다**: 아이를 보고 담요를 본 다음 다시 아이를 본다.
- **6단계. 말없이 더 분명하게 요구한다**: 손가락으로 담요를 가리킨다.
- **7단계. 말로 요구한다**: "나를 도와줄래?"
- **8단계. 구체적인 말로 요구한다**: "나한테 담요를 가져다주겠니?"

18개월 된 아이는 어느 단계에서 알아차릴까? 6단계다. 그러나 30개월 된 아이는 2단계에서 알아챘다. 다만 자기 담요를 빌려줘야 하는 경우에는 4단계까지 거부했다.

18개월 된 아이는 도와주거나 협력하거나 공유하지 못하는 게 아니라 다른 사람의 심리 상태를 정확하게 알려줘야 도움이 필요하다는 것을 깨닫는다. 아이들끼리는 이런 설명을 할 수 없으니 부모가 대신 가르쳐주자.

## 아이가 장난감을 빼앗겼을 때 부모가 해야 할 행동

### • 아무것도 하지 않는다

부모가 개입해서 큰일인 양 굴지만 않으면, 아이들은 대개 알아서 해결한다. 아이에게는 좋은 훈련이 되니 다른 보호자들과 미리 합의하여 보조를 맞추자.

### • 구체적으로 지시한다

"친구가 이 장난감으로 놀고 싶은가 봐. 친구한테 빌려줄까? 빌려줘서 고마워!"
"친구가 지금 이 장난감을 갖고 놀잖아. 순서를 기다리자. 기다리느라 수고했어."
"친구가 지금 이 장난감을 갖고 놀잖아. '빌려줘' 하고 부탁해볼까? 혹시 친구가 지금은 못 빌려준다고 하면 조금 기다리자."

### • 아이가 화내면 공감해주고 관심을 딴 데로 돌린다

"친구는 네가 장난감을 빼앗아서 슬픈 거야. 친구한테 장난감을 돌려줄래?"

"친구가 장난감을 빼앗아가서 슬프구나. 친구가 다 갖고 놀 때까지 기다릴까? 앗, 빨간 소방차다! 이것 봐, 사다리가 줄었다가 늘어났다가 하네!"

# 26

## 아이의 인생을 성공으로 이끄는 자제력의 비밀

자제력을 즐겁게 훈련하는 놀이법

### 뇌의 실행 기능과 자제력

자제력은 어릴 때 길러야 할 가장 중요한 능력 중 하나다. 숙제 같은 내키지 않는 일을 시작하거나 지속하는 능력, TV 보기 같은 하고 싶은 일을 그만두는 능력은 인생을 성공으로 이끄는 강력한 무기다.

이 점은 숱하게 많은 연구에서 입증되었다. 듀크 대학교의 심리학자 테리 모핏 박사가 어린이 1,000명을 32년간 추적 조사하여 2011년에 발표한 획기적인 연구 결과를 브리티시 컬럼비아대학교의 아델 다이아몬드 교수는 이렇게 요약했다.

"세 살부터 열한 살까지 끈기가 부족하거나 충동성이 강하고 주의력이 떨어지는 등 자제력이 약했던 아이는 자제력이 강했던 아이에 비해 30년 후 건강이 좋지 않았고, 경제력이 약했으며, 범죄율이 높은 경향을 보였다.(이 결과는 IQ나 성별, 사회계층 등의 차이를 보정했다.)"

자제력은 사고나 행동을 컨트롤하는 뇌의 '실행 기능'에서 가장 핵심적인 역할을 한다. 자제력, 작업 기억, 집중력, 인지 유연성 등이 결합해 문제 해결, 추론, 계획, 만족 지연(나중에 얻을 보상을 위해 현재의 욕구를 뒤로 미루는 것—옮긴이)이 가능해지는 것이다.

자제력이 강한 학생은 다음과 같은 능력이 뛰어나다.

— 과제에 집중하여 끝마치는 능력
— 정신을 산만하게 하는 대상을 무시하고 과제에 몰두하는 능력
— 새로운 것을 받아들이는 능력

==실행 기능은 생후 1년이 되기 전에 발달하기 시작하며 20대 초반에야 완전히 성숙해진다.== 이처럼 오랜 시간에 걸쳐 연습이 필요한 능력이다. 그러나 실행 기능을 즐겁게 훈련하는 방법은 얼마든지 있다.

## 실행 기능을 키우는 방법

• **나만의 이야기를 들려준다**

아이들은 이야기 듣기를 아주 좋아한다. 책을 읽는 게 아니라 얼굴과 얼굴을 마주보며 찬찬히 이야기해보자. 그림이나 사진 없이 이야기를 들려주면 아이의 집중력과 세부 내용을 파악하는 능력을 기를 수 있다. 수많은 연구에서 밝혀진 바에 따르면 아이들은 단순히 책을 읽어줄 때보다는 책 없이 이야기를 들을 때 등장인물이나 줄거리를 더 잘 기억했다.

어떤 이야기를 해야 할지 막막하다면 그날 있었던 일을 들려주는 것부터 시작해서 이야깃거리를 확장해나가자. 아이들은 이야기 내용에 개의치 않으니까! 나는 항상 "옛날 옛적에 한 여자아이가 있었는데…"로 시작해서 어제 있었던 색다른 사건을 엮어나간다. 지역 행사나 학교, 서점에서 열리는 이야기 경연 대회를 참고하는 방법도 좋다.

• **춤, 발차기, 음악으로 자신감을 키워준다**

당신의 아이가 춤이나 전통 무술, 악기 연주(특히 합주)를 좋아하는지 잘 관찰하자. 춤 동작이나 노래 음정을 맞추는 등의 행동은 장시간에 걸친 집중력과 주의력이 필요하며 복잡한 순서를 동시에 기억해야 한다.

이런 행동은 재미있으면서 사회적인 소속감을 느끼게 하고 운동 기능을 발달시키며 자부심을 키워주고 자신감을 높여준다. 그리고 이 모든 것은 실행 기능의 발달로 이어진다.

### • 운동한다

운동은 실행 기능을 기르는 가장 좋은 방법 중 하나다. 요가, 태권도 등 승패를 가르지 않는 운동도 아이의 실행 기능을 높여준다는 사실이 밝혀졌다.

### • 도전할 목표를 정한다

세 살이라면 블록으로 좀 더 높은 탑 쌓기, 다섯 살이라면 블록으로 새집 만들기 등 조금만 노력하면 달성할 수 있는 목표를 설정해보자.

### • 취미를 길러준다

노력이 필요한 취미 활동에 열중하게 한다.

### • 몬테소리 교육을 받는다

몬테소리 교육(아이의 생각과 결정을 존중하면서 스스로 잠재력을 키울 수 있게 도와주는 교육 방식—옮긴이) 프로그램에 참여한 아이는 실행 기능과 창의력 수준이 높은 경향이 있다.

이외에도 실패를 받아들이게 하고, 외국어를 배우게 하고, 가상 놀이를 하게 하는 등의 방법으로 실행 기능을 훈련할 수 있다.

**최강의 육아 플러스**

**실행 기능이 뛰어난 아이가 공부도 잘한다**

수많은 연구에 따르면 미취학 아동의 학업 성적에 더 중요한 영향을 미치는 지표는 IQ 점수보다 실행 기능 점수다. 실행 기능이 뛰어난 아이는 다음과 같은 특징이 있다.

- 초기의 읽기와 쓰기 능력이 또래보다 3개월 이상 앞선다.
- 초등학교 때부터 대학 때까지 학업 성취도가 높다.
- 미국 대입 자격시험인 SAT 같은 학력고사의 점수가 높다.
- 실행 기능이 뛰어나면 파괴적, 이기적, 공격적인 행동을 하지 않기 때문에 친구들이나 선생님과 긍정적인 관계를 유지한다.

## 놀이가 자제력을 높여준다

옛날부터 전해 내려오는 고전적인 놀이는 상당히 추천할 만하다. 고전적인 놀이는 재미있을 뿐 아니라 실행 기능이 발달하도록 도와준다. 한 실험에서 유치원생에게 1주일에 두 차례, 30분씩 고전적인 놀이를 하게 했다. 8주 후 아이들의 자제력을 테스트

==해보니 놀이에 참여한 아이들의 점수가 그렇지 않은 아이들에 비해 월등히 높아졌다.== 이 실험은 오리건 주립대학교의 메건 맥클리랜드 교수팀이 저소득층 가정의 유치원생 276명을 대상으로 진행한 것이다.

이때 중요한 점은 아이가 놀이에 익숙해지면 속도를 높이거나 규칙을 추가하거나 규칙을 정반대로 바꾸는 등 난이도를 조금씩 높이는 것이다. 또한 소리나 움직임을 이용하면 아이가 너무 오래 앉아 있는 것을 예방할 수 있다.

실행 기능을 키워주는 놀이와 그 특징을 몇 가지 소개한다.

- **자연스러운 반응을 억제하는 놀이**

춤추다 멈춰본다. 빠른 노래와 느린 노래를 교대로 넣어 음악 재생 목록을 만든다. 음악에 맞춰 다 같이 춤을 추다가 정지 버튼을 누르면 모두 동작을 멈춘다. 느린 곡은 느리게, 빠른 곡은 빠르게 춤춘다. 다음번에는 반대로 느린 곡은 빠르게, 빠른 곡은 느리게 춤춘다.

춤추다 색깔에 맞춰 멈춰본다. 바닥에 다양한 색상의 도화지를 붙인다. 기본 규칙은 앞에서 소개한 '춤추다 멈추기'와 동일하지만 음악을 정지시키는 사람이 음악을 끄면서 색도화지 하나를 들어올린다. 놀이 참가자는 모두 그 도화지와 같은 색깔의 도화지로 달려가 그 위에서 동작을 멈춘다.

오케스트라 지휘를 만든다. 한 아이가 지휘하고 나머지 아이들은 종이나 프라이팬, 냄비와 같은 악기를 연주한다. 처음에는 지휘자가 지휘봉을 내려놓으면 연주를 멈추기로 규칙을 정한다. 다음에는 지휘봉 속도에 맞춰 빠를 때는 빠르게, 혹은 반대로 느릴 때는 느리게 연주 속도를 바꾸거나 지휘하는 동안에는 연주를 멈추는 등 규칙을 다양하게 바꿔본다.

- **많은 집중력이 필요한 놀이**

우선 북소리에 맞춰 어떤 동작을 할지 결정한다. 손뼉을 치거나 발을 쿵쿵 구르거나 걷거나 춤추는 등 어떤 동작이든 좋다. 동작을 정했으면 북소리에 맞춰 움직인다. 북소리가 빠르면 빠르게 움직이고, 느리면 느리게 움직이고, 멎으면 동작을 멈춘다. 북소리가 빠를 때는 깡충깡충 뛰기, 느릴 때는 바닥을 기어 다니기 등으로 규칙을 바꿔도 좋다.

일자로 걷는다. 보도블록의 선을 따라 걷기, 거실 마루판의 줄을 따라 걷기, 마스킹 테이프를 붙여둔 자리를 따라 카펫을 가로지르기, 통나무 위를 걷기 등 일자로 걷는 놀이를 한다.

- **인지 유연성이 필요한 놀이**

부모가 "잘 자라, 우리 아가" 하고 자장가를 부르는 동안 아이는 잠든 척한다. 부모가 노래를 멈추고 "원숭이!" 하며 동물을 지정하면 아이는 일어나서 그 동물 흉내를 낸다.

- **한 가지에만 집중해야 하는 놀이**

차를 타고 이동할 때 폭스바겐 비틀을 보면 "딱정벌레!" 하고 외친다. 자동차 색상이나 모델명, 문구를 정해둔 다음 "노란 차!" 하고 외치는 식으로 규칙을 정해도 재미있다.

가나다라를 찾아본다. 차를 타고 이동할 때 건물이나 간판 등의 글자를 가나다순으로 찾는다. 자동차 번호판으로 하면 게임이 빨리 진행된다.

- **작업 기억을 활성화하는 놀이**

색도화지를 네모, 세모, 원 모양으로 자른다. 각 모양이 나왔을 때 취할 동작을 정한다. 예를 들면 네모는 손뼉 치기, 세모는 코 만지기, 원은 발 구르기 등으로 다양하게 정한다. 술래가 도화지를 들어 올리면 아이들은 모두 그 모양에 맞는 동작을 취한다. 점점 속도를 올리거나 모양에 해당하는 동작을 계속 바꿔(예: 네모는 손을 발에 대기, 세모는 깡충깡충 뛰기, 원은 팔 올리기 등) 아이가 익숙해지지 않도록 한다.

## 실행 기능이 나타나는 방식

| | 어린이 | 어른 |
|---|---|---|
| **자제력**<br>충동을 억누르고 더 적절한 행동을 하는 능력 | 나중에 더 나은 보상을 받을 수 있다면 당장 받는 보상이 적더라도 참는다.<br><br>새치기하는 대신 뒤로 가서 줄을 선다.<br><br>진열된 물건에 곧장 손을 뻗는 대신 진열대를 만지작거린다. | 드라마를 한꺼번에 몰아보지 않는다. 다음 회 보기 버튼을 누르는 대신 TV를 끈다.<br><br>말하기 전에 생각한다.<br><br>살을 빼겠다고 다짐한 후에는 간식으로 케이크 대신 과일을 선택한다. |
| **작업 기억**<br>정보를 기억해 두었다가 나중에 활용하는 능력 | 산책할 때 본 풍경과 노래 가사를 연결 지어 생각한다.<br><br>수학 문제를 암산으로 푼다. | 역사책에서 읽은 내용과 현재의 정치적 사건을 관련지어 생각한다.<br><br>마음속으로 집에서 떨어진 거리를 계산하면서 볼일의 순서를 정한다. |
| **집중력**<br>주의를 집중하고 집중을 방해하는 요소를 참아내는 능력 | 형제들이 주변을 정신없이 뛰어다녀도 블록으로 성을 완성하는 데 몰두한다.<br><br>쇼핑몰에서 엄마를 찾을 때 주변의 모든 것을 걸러내고 엄마 얼굴만 본다. | 사업계획서를 완성하기 위해 소셜미디어에 글을 올리고 싶은 마음을 억누른다.<br><br>파티에서 주변 사람들이 왁자지껄 떠들어도 가까이 있는 사람과 대화하는 데 열중한다. |
| **인지 유연성**<br>변화된 요구나 우선순위에 적응하는 등 사고를 전환하는 능력 | 행동을 통해 원하는 결과를 얻지 못하면 전략을 바꾼다.<br><br>가상 놀이를 하는 동안 맡은 캐릭터에 따라 다르게 행동한다. | 다른 사람의 의견을 그 사람의 관점에서 바라본다.<br><br>계획한 경로가 막혔을 때 다른 길을 찾는다.<br><br>일이 계획대로 진행되지 않으면 수정한다. |

첫 번째 사람은 ㄱ으로 시작하는 물건의 이름을 말한다. 두 번째 사람은 앞사람이 말한 ㄱ으로 시작하는 물건의 이름과 자기가 생각한 ㄴ으로 시작하는 물건의 이름을 말한다. 세 번째 사람은 앞의 두 사람이 말한 ㄱ, ㄴ으로 시작하는 물건의 이름과 자기가 생각한 ㄷ으로 시작하는 물건의 이름을 말한다. 이런 식으로 계속 게임을 이어 나간다.

## 27

# 목표를 설정하고, 계획하고, 지속하는 능력은 어떻게 키울까?

**생각하는 힘이 쑥쑥 자라는 연령별 가상 놀이**

## 두뇌를 즐겁게 훈련하는 놀이

두뇌 성장에 효과적인 놀이는 아이가 다른 사람인 척하는 데 몰두할 수 있는 놀이, 즉 가상 놀이다. 아이들끼리 가상 놀이를 할 때는 의논에서 시작된다.

"그래, 그럼 지금부터 소꿉놀이하자. 내가 엄마 할게."
"나도 엄마 하고 싶어!"
"안 돼, 내가 엄마고 너는 아이야. 자, 점심을 먹여줄게."
"알았어. 그럼 밥 다 먹고 강아지랑 산책하러 가자."

이렇게 의논이 끝나면 연극이 시작된다. 이것이 전형적인 가상 놀이다. 놀이라고는 하지만 상당히 체계적이다.

'엄마와 아이는 이래야 한다'는 규칙에 따라야 하고, '식사가 끝난 다음에 강아지를 산책시킨다'는 순서를 밟아야 한다. 규칙을 어기는 아이가 있으면 다른 아이가 규칙을 되짚어준다.

이러한 놀이는 뇌의 실행 기능, 즉 아이가 목표를 설정하고, 계획하고, 과제를 지속하고, 주의력을 잃지 않도록 만든다.

## 아이의 두뇌 성장을 위한 연극 놀이

'마음의 도구 Tools of the Mind(교사가 깊이 개입하지 않고 아이들이 직접 계획하고 행동하도록 유도해서 스스로 관심을 지속하는 능력을 키우도록 이끄는 교육 방식—옮긴이)'라는 유아 교육 프로그램에서는 실행 기능을 향상하는 활동, 특히 연극에 많은 시간을 할애한다. 마음의 도구 프로그램에 참여한 어린이 150명을 대상으로 조사한 결과, 참가하지 않은 아이에 비해 실행 기능 검사에서 30~100퍼센트 정도 높은 점수를 받았다. 또한 다음과 같은 특징을 보였다.

— 창의적이다. 물건의 용도를 다양하게 떠올리는 시험에서 세 배 가까이 많은 아이디어를 냈다.
— 조리 있게 말한다.

― 문제 해결 능력이 높다.
― 스트레스가 절반 수준이다.
― 사교적이다.

## 한 살부터 세 살까지 아이를 위한 가상 놀이

아이는 한 살에서 세 살 무렵에 물건을 이용한 가상 놀이를 학습하기 시작한다.

### • 아이에게 가상 놀이하는 법을 가르친다

빈 컵을 들고 마시는 척하는 모습을 보여준다. "저녁밥 만드는 놀이를 해볼까?" 하며 빈 냄비를 주걱으로 휘젓고 맛보는 시늉을 한다. 그리고 "이번에는 네가 해볼래?" 하고 따라 하게 한다.

### • 규칙을 정한다

"다 같이 저녁을 만들자. 엄마는 할머니(아빠/이모/삼촌) 역할을 할게" 하고 그 사람 흉내를 낸다. "우리 강아지, 저녁 다 먹고 나서 할머니랑 쿠키 먹을까?" 이처럼 아이가 할머니에게 자주 들었던 말을 쓰는 게 포인트다. 아이가 자신이 맡은 역할의 말투나 표정을 따라한다면 가장 이상적이다.

- **공간을 정해두고 언제든 할 수 있게 준비해둔다**

가상 놀이를 하는 공간을 따로 마련해두면 일일이 물건을 정리할 필요가 없어진다.

- **소품을 준비한다**

낡은 옷이나 신발, 지갑, 서류 가방, 병원놀이 세트, 공구놀이 세트 등을 준비해둔다. 컵이나 숟가락 등 식기류도 사용해보자. 식기류는 상상력을 발휘하면 다른 물건 대용으로도 쓸 수 있다.

- **장난감을 활용한다면 어떤 종류가 좋을까?**

아이가 다루기 쉬운 크기의 장난감, 예를 들면 옷을 갈아입히거나 목욕시키거나 안을 수 있는 아기 인형 등을 추천한다.

## 세 살부터 다섯 살까지 아이를 위한 가상 놀이

세 살에서 다섯 살은 가상 놀이에 대한 개념은 있지만 무엇을 할지에 대해서는 자세히 도와줘야 한다. 아이가 역할을 연기하도록 유도해보자.

- **일상에서 가상 놀이의 아이디어를 찾는다**

슈퍼마켓에서 다른 사람들을 가리키면서 "저 사람이 하는 말 들었지?", "계산대 직원이 이렇게 행동하네?" 하며 그 사람의 말이나 행동을 설명해준다. 그러면 집에 돌아와서 아이가 흉내 내기 쉽다.

- **아이와 함께 직접 소품을 만든다**

병원놀이를 위해 일부러 의사 가운을 살 필요는 없다. 어른의 하얀 셔츠를 입고 끈에 종이를 둥그렇게 말아서 만든 청진기를 목에 매달면 충분하다. 상징적인 소품을 직접 만들면 사고력이 높아진다.

- **어른은 조연을 맡는다**

가능한 한 아이가 연극을 주도하게 하고, 다음에 해야 할 말이나 행동을 거들어만 준다. 아이가 의사 역할이라면 부모는 환자나 아픈 아기의 부모 역할을 한다.

- **이야기를 확장하도록 도와준다**

"자, 다음에는 어떻게 할 거야? 구급차를 타고 병원에 가? 아니면 다른 일이 일어나려나?"

- **똑같은 역할과 장면을 반복하고 새로운 전개를 제안한다**

같은 역할이라도 장소나 상황을 바꿔서 연기하게 한다. 가령 병원 놀이라면 해적선을 탄 의사나 우주로 간 의사 역할을 제안한다.

## 다섯 살 이상을 위한 가상 놀이

아이들은 다섯 살이 넘으면 자기들끼리 상황을 정교하게 연출하고 직접 만든 소품을 이용해 놀 수 있다. 부모는 아이들끼리 놀 수 있도록 돕기만 하면 된다.

- **어른은 아이디어만 낸다**

어른은 가상 놀이에 참여하기보다는 아이디어만 제공한다.

- **재료를 제공한다**

블록, 천 조각, 담요, 종이, 가위, 풀 등의 재료를 준비해서 아이들이 직접 소품을 만들게 한다.

- **아이가 인형을 많이 쓰기 시작한다**

여태까지는 직접 옷을 입고 가상 놀이를 하던 아이가 인형을 이용해 목소리를 바꿔가며 여러 역할을 연기한다.

- **이야기나 동화책 내용을 바탕으로 연극을 한다**

익숙한 이야기를 바탕으로 자신만의 이야기를 완성하거나 완전히 새로운 이야기를 창작해서 연극하도록 도와준다.

- **자녀가 둘 이상인 집의 가상 놀이**

큰아이가 작은아이에게 역할놀이 하는 법을 알려주도록 한다.

## 28

## '창의력'을 키우는
## 아홉 가지 방법

**미래 시대의 리더가 되기 위해 꼭 갖춰야 할 능력**

### 20년 후를 살아가는 데 꼭 필요한 것

20여 년이 흘러 어른이 된 아이에게는 어떤 인생이 기다리고 있을까? 우리가 사는 세상은 빠르게 변하고 있어 점점 더 예측하기 어려워지고 있다. 이런 세상에서 인생을 현명하게 이끌어가는 미래의 주인이 되기 위해 필수적인 능력은 창의력이다. 사업가, 예술가, 회사원, 공무원, 비영리단체 직원, 교수…. 어떤 직업이든 창의적인 사고가 요구된다.

오래 전부터 아이의 학업 성적이나 장래를 예측하려는 목적으로 사용해온 IQ 검사는 언어 능력, 논리적·수학적 사고력, 공간지각 능력을 측정하는 데는 효과적이다. 하지만 시간이 흐르면서 과학자, 사업가, 교육자 집단은 IQ 검사로 측정할 수 없는 창의력 역시 빠르게 변화하는 사회에서 가치가 높은 능력이라고 생각하기 시작했다.

그렇다면 창의력은 어떻게 측정할 수 있을까? TTCT Torrance Tests of Creative Thinking라는 창의력 검사는 수십 년 동안 독창적이고 다양하며 정교한 아이디어를 창출하는 능력을 측정하는 지표로 학교 현장에서 사용되어왔다. 예를 들면 종이에 "이 그림을 완성하시오"라는 지시문과 함께 곡선 하나가 그려져 있는 식이다.

## 창의성을 키우는 효과적인 방법

창의적 사고력의 3분의 1은 타고난 것이고 나머지 3분의 2는 연습을 통해 기를 수 있다. 이는 태어나자마자 각기 다른 환경에서 자란 쌍둥이들을 조사해 밝혀낸 사실이다.

영국의 교육학자이자 창의력 전문가인 켄 로빈슨 경은 아이의 창의력을 키우는 방법으로 다음의 아홉 가지를 제시했다.

― 흥미가 열정으로 바뀔 수 있도록 독려한다.
― 실수를 허용하고 환영한다. 틀릴 각오를 해야 독창적인 아이

디어를 떠올릴 수 있다.
- 회화나 조각과 같은 시각 예술, 연극, 독서 프로그램에 참여시킨다.
- 아이의 재능을 찾아내 적극적으로 지원한다.
- 성적보다는 무엇을 배웠는지에 더 많은 관심을 보인다.
- 한 가지 문제에 여러 가지 해결책을 생각하도록 지도한다.
- 정답을 알려주기보다는 답을 찾을 도구를 제공한다.
- 시각적으로 사고하는 방법을 알려준다. 예를 들어, 집 안의 가구 배치를 바꾸고 싶을 때 아이와 함께 밑그림을 그려본다.
- 비유나 은유 표현을 사용해서 새로운 사고방식을 자극한다.

## 다양한 각도에서 접근하게 한다

아이의 흥미를 열정으로 바꾸려면 여러 각도에서 접근하게 해야 한다. 가령 아이가 지도에 관심이 있다면 아래와 같은 방식으로 도와준다.

- 아이 방의 벽을 지도로 채운다.
- 지도에서 장소를 찾는 게임을 한다.
- 찰흙으로 동네의 3D 지도를 만든다.

— 골동품 가게를 돌며 특이한 지도를 찾는다.
— 지도에 기름종이를 대고 베껴 그린다.
— 시내 지도를 복사해서 그날 하루 동안 돌아다닌 경로를 그려 넣는다.
— 한 지역을 항공사진, 지형도, 일기도, 지하자원 지도 등 다양한 유형의 지도로 확인한다.
— 만약 직접 도시를 설계한다면 어떻게 바꿀지 아이디어를 주고받는다.
— 지도 제작자를 만나본다.

이밖에도 아이와 산책하다가 눈에 들어온 광경에 대해 무슨 일이 왜 일어났으며 다음에는 어떻게 전개될지 추측하는 게임을 해보는 등의 활동을 통해 다양한 각도에서 사건을 바라보게 할 수 있다.

## 29

## "왜요?" 질문이 많아지는 네 살은
## 호기심을 키울 절호의 기회

아이의 창의적인 질문을 어떻게 끌어낼 수 있을까?

### 네 살은 인생에서 처음으로 질문하는 시기

만 네 살은 인생에서 가장 질문이 많은 시기다. 이때야말로 학교에 다니기 전에 호기심을 길러줄 절호의 기회다.

할 그레거슨 교수는 미국 하버드 대학교 경영대학원에서 발행하는 경제지 〈하버드 비즈니스 리뷰〉에서 다음과 같이 말했다.

"아이는 선생님이 엉뚱한 질문보다는 정답을 맞히는 데 가치를 둔다는 사실을 순식간에 학습합니다. 따라서 아이들이 성장해 기업에 들어갈 즈음에는 이미 머릿속에서 호기심이 모두 사라진 상태가 됩니다."

그렇다면 아이의 "왜?", "왜 안 되는데?", "어째서?" 같은 호기심 가득한 질문을 끊임없이 끌어내는 환경을 만드려면 어떻게 해야 할까?

### • 어디서든 함께하는 음성 가이드

한 가지 방법은 주변 세상을 늘 자세히 설명하고 묘사해주는 것이다. 전업주부이자 재무관리 블로거인 한 남성이 블로그에 올린 글을 소개한다.

"나는 보통 하루에 여섯 시간 정도는 아들과 함께 놀거나 공부하면서 보낸다. 그럴 때면 나는 박물관의 음성 가이드 기계로 변신한다. 예컨대 어느 날은 이런 식의 대화가 오간다. '아빠, 어제 우리가 만든 댐에 왜 시냇물이 흘러넘친 거야?' '오늘은 날씨가 덥잖아. 어디, 몇 도인지 온도계를 볼까? 30℃구나. 시냇물은 어디에서 흘러오지? 산 위에서 흘러오잖아. 산에 쌓여 있던 눈은 이렇게 더운 날에 어떻게 될 것 같아?'"

나도 아장아장 걷는 우리 딸에게 이런 식으로 대하려고 노력한다. 딸아이는 자전거 이야기를 하거나 헬멧을 머리에 쓰거나 페달 돌리는 것을 아주 좋아한다. 그래서 자전거 타이어 하나가 펑크 났을 때 딸에게 앞뒤 타이어를 만지게 해서 차이를 느끼게 했고, 타이어를 분리하고 공기를 주입하는 일을 돕게 했다. 이렇게 하니 딸아이도 나도 "지지!" 하며 가까이 가지 못하게 할 때보다 훨씬 즐겁게 시간을 보낼 수 있었다.

어느 날은 딸아이가 선반에 있는 향초에 관심을 보였다. 그래서 하나를 집어들고 어두운 방에 들어가 딸을 내 무릎 위에 앉히고 향초에 불을 붙였다. 우리는 작은 목소리로 "불꽃이 참 예쁘다, 그렇지?", "불꽃은 만지면 뜨거워서 다쳐" 하며 대화를 나눴다. 딸아이는 꼬막손으로 불꽃을 가렸다 뗐다 하며 놀았다. 불장난의 유아 버전이었지만, 분명 좋은 경험이 됐으리라 생각한다.

5장

공감력과
사고력을 기르는
소통의 기술

# 30

## 육아가
## 거짓말처럼 수월해진다

**절대 모든 일을 혼자서 해내려고 하지 않는다**

### 주변에 도움을 구하자

"혼자서 어떻게든 할 수 있을 듯하니 괜찮아요."

"아이를 봐줄까요"라는 내 제안을 거절하면서 이웃이 한 말이다. 또 다른 친구는 레스토랑에서 "괜찮아, 혼자 할 수 있어" 하며 아이를 둘이나 데리고 화장실에 갔다. 유아용 식탁 의자에 앉힌 아이는 내가 잠시 봐줄 수 있었는데도 말이다.

도움을 요청하기란 쉬운 일이 아니다. 엄마 입장에서는 다른 사람에게 부담을 주고 싶지 않고, 도움을 요청하는 것 자체가 부모로서 실격이 아닐까 생각하기 쉽다. 많은 사람이 육아는 자기 힘으로 해야 한다고 생각한다.

부디 그 부담감을 벗어던지기 바란다. 반대로 친구가 당신에게 도와달라고 말한다면 어떨까? 기꺼이 도와주지 않을까?

==우리는 대체로 다른 사람의 도움 없이 아이를 키우기란 불가능하다는 사실을 망각한다.== 육아는 정신력이 강하고 약하고의 문제가 아니다. 인간은 혼자서 아이를 기를 수 있게 진화하지 않았다. 혼자서 아기 키우기가 일반적인 일이 된 것은 최근 들어서다. 자신에 대한 비현실적인 기대는 고립감, 우울감, 절망감, 죄책감을 불러일으킨다. 지금 당장 "도와줘!"라고 말하며 주위 사람들에게 부탁해보자.

## 육아는 상상을 초월할 만큼 힘들다

"아이 하나를 키우려면 온 마을이 필요하다"는 속담이 있다. 내가 이 속담의 의미를 뼈저리게 실감한 것은 주말에 딸아이와 친정엄마, 두 언니, 아홉 살과 열네 살 된 조카 둘과 함께 방이 두 개인 호텔 스위트룸에 숙박했을 때였다.

오랜만에 모여 도란도란 수다 삼매경에 빠져 있는 내내 딸아이는 이 방 저 방 정신없이 드나들었지만, 항상 누군가가 돌봐주고 있었다. 평소와는 완전히 달랐다! 우리 중 누구도 부담을 느끼지 않았다. 나 역시 엄청난 안도감을 느꼈다.

나처럼 출산 전까지 아이를 접해볼 기회가 없었던 사람이라면 아기 돌보기는 상상을 초월할 만큼 힘들다는 사실을 각오하길 바란다. <mark>아기 한 명을 여덟 시간 간격으로 열네 명이 돌보는 부족이 있을 정도다.</mark>

육아는 당신이 생각했던 것보다 훨씬 더 많은 사람의 도움이 필요하다. 부모님이나 친척이 집 근처로 이사 오지 않는 한, 친구나 이웃과 커뮤니티를 만들어야 한다. 그리고 한 번 관계를 구축했다면 그것을 적극 활용하자.

앞에서 이야기한 이웃은 내가 좀 더 적극적으로 제안했다면 받아들였을 것이라고 말했다. 그래서 다음번에는 "목요일에는 아기를 돌봐줄 시간이 있어요. 몇 시가 좋아요?" 하고 물었더니 "12시요" 하는 대답이 돌아왔다.

## 31

# 배우자와 아이가 행복해지는
# 공감의 대화법

**사소한 말 한 마디가 가져오는 놀라운 변화**

## 몸과 마음을 치유하는 공감력

원만한 결혼 생활을 유지하는 비결은 감정을 표현할 때 첫마디를 공감으로 시작하는 것이다. 흔히들 느닷없이 충고를 늘어놓거나, 잘못을 지적하거나, 배우자를 화나게 한 사람의 편을 들거나, 화제를 돌리는 식의 반응을 보이는 경우가 많다. 배우자는 그저 공감해주기를 바란다. 상대방의 입장이 되어 그 기분을 이해해주자.

"저런, 내가 당신이었어도 싫었겠다. 어떤 심정이었는지 알 것 같아."

"당신 실망이 이만저만 아니겠구나. 얼마나 심란했을까!"

"그런 일이 있었구나. 정말 기분 나빴겠다."

==공감은 실제로 몸을 치유해준다.== 뇌는 미주신경(심장, 인두, 성대, 내장기관 등에 폭넓게 분포하며 부교감 신경 및 감각, 운동신경 역할을 하는 신경—옮긴이)을 이용해 장기의 상태를 관찰하고 제어한다. 뇌가 공감을 감지하면 미주신경에 신호를 보내 심장 박동을 느리게 하고 혈압을 낮춰 몸의 긴장을 풀어준다.

## 말투를 바꾸면 행복해진다

공감은 결혼 생활에서 강력한 힘을 발휘한다. 왜냐하면 의견이 충돌하는 한 해결할 방법이 없기 때문이다. 사람은 저마다 가치관, 생활 태도, 욕구가 다르다. 결혼 생활에 필연적으로 따라오는 갈등을 해소하기에는 공감만큼 좋은 수단이 없다.

우리 부부가 말다툼하는 주된 원인은 나는 '올빼미형 인간'이고 남편은 '아침형 인간'이라는 데 있었다. 예전에 남편은 내가 밤늦게까지 깨어 있으면 책임감 운운하며 잔소리를 늘어놓았다. 하지만 요즘은 공감해준다.

남편: "잠은 푹 잤어?"
나: "아니, 네 시간쯤 잤으려나? 늦게까지 깨어 있었어."

> 남편: "피곤하겠네. 뭐 좀 도와줄까?"

처음 이런 반응이 돌아왔을 때, 안도감과 고마움이 밀려왔다. 공격이 아닌 지지를 느끼면서 순식간에 남편과 한결 가까워진 기분이 들었다. 사소한 말 한마디는 정말 놀라운 변화를 가져다준다.

## "안돼!"라고 말하기보다는 먼저 공감을

신생아를 돌볼 때도 공감은 크나큰 효과를 발휘한다. 오랫동안 안고 달래야 할 때나 한밤중에 기저귀를 갈아야 할 때 아기 입장에서 생각하면 짜증이 줄어든다.

남편은 아기에게 공감해주는 데 아주 능숙하다. 우는 딸에게 "저런, 우리 딸 슬프구나", "아기로 살기 힘들지?", "자, 기저귀 갈자. 기저귀가 뽀송뽀송하면 기분이 참 좋지?" 하고 말을 걸어서 나까지 미소 짓게 한다.

공감은 아이가 좀 더 커서 가질 수 없는 물건을 갖고 싶어 할 때도 효과적이다.

"와, 정말 멋지다. 그런데 지금은 이러저러해서 가질 수가 없어. 그 대신 저건 어때?"

"블루베리를 더 먹고 싶구나? 하긴, 블루베리는 맛있으니까. 그래도 많이 먹었으니 나중에 또 먹자."

"이건 가위야. 가위를 갖고 놀고 싶구나? 하지만 날카로워서 다칠지도 모르니까 넣어둘게. 그 대신에 그림 그리자."

이런 식으로 이야기하면 아이는 부모가 자기 이야기에 귀 기울여준다고 느끼고 당신도 "안 돼!"를 더 이상 연발하지 않아도 된다.

## 32

## 대화할 때
## 절대 피해야 하는 네 가지

행복한 부부 관계를 유지하는 소통의 기술

### 이것만 지키면 사이좋게 지낼 수 있다

결혼 생활에는 갈등이 따르게 마련이다. 당신과 배우자는 부부간에 의견이 충돌할 때 어떻게 하는가? 하나, 원만하게 절충안을 찾는다. 둘, 한바탕 다툰 후에 화해한다. 셋, 의견 충돌이 거의 없다.

사실 셋 중 어떤 유형이든 행복하고 안정적인 부부 관계를 형성할 수 있다. 다만 중요한 조건이 하나 있다. 오랫동안 결혼 생활을 연구한 존 가트맨 박사에 따르면 스킨십, 미소, 칭찬 등의 긍정적인 소통을 부정적인 소통보다 많이 해야 한다. 좋은 관계를 유지하는 부부는 이 비율이 5대 1이다. 자, 여러분 부부의 대화는 어떠했는지 돌이켜보자.

가트맨 박사가 35년간 연구한 결과를 집약하면 행복한 결혼 생활을 유지하는 부부에게는 다음과 같은 특징이 있다.

— 서로 사이좋은 친구처럼 대한다.
— 대립이 생기면 긍정적이고 부드럽게 대처한다.
— 말다툼 중에 자기도 모르게 부정적인 표현이 튀어나오면 즉시 바로잡는다.
— 부정적인 감정을 완전히 연소시킨다.

## 관계를 망치는 네 가지 언행

반면 다음의 네 가지 언행을 습관적으로 반복하는 부부는 평균적으로 5.5년 이내에 이혼한다고 한다.

### • 비난

배우자의 결점에 대해 비난을 퍼붓는다.
"당신이 맨날 어질러놔서 내가 늘 뒤치다꺼리를 해야 하잖아. 사람이 왜 그렇게 칠칠치 못해?"(개선 예시: "설거지 좀 도와줄래?")

- **모욕**

상대를 바보 취급하면서 깔보는 말투를 쓴다.

"딱 보면 몰라? 그렇게 하는 게 아니잖아!"

- **자기변호**

책임을 회피하거나, 상황을 탓하거나, 배우자가 불만을 말하면 인정하지 않고 곧바로 자기변호를 한다.

"나라면 안 그랬을 텐데…."

"당신이 그러지 않았더라면…."

"당신도 완벽하지 않잖아!"

- **도피**

배우자가 이야기할 때 눈을 보며 고개를 끄덕이거나 "응", "정말?" 하며 맞장구를 치지 않고 돌부처처럼 잠자코 앉아 있다.

부부 사이를 원만하게 유지하려면 갈등을 피하는 게 아니라 원활하게 다뤄야 한다. 존 가트맨의 책 《관계 치유 The relationship cure》에는 이런 말이 나온다. "행복한 결혼 생활을 유지하는 사람은 말다툼 중에도 자기변호를 하거나 상처받는 대신 은연중에 상대에게 애정과 관심, 존중을 표현한다."

그리고 이것은 부모 자식 사이에서도 마찬가지다.

# 33

## 아이의 타고난 기질을 알면 육아가 쉬워진다

**순한 아이·예민한 아이·신중한 아이에 맞는 양육법**

### 저마다 타고난 기질이 있다?!

아이는 제각기 기질이 다르다. 어떤 아기는 차분하고 의젓하며 시원시원하다. 잡곡밥에서부터 각종 야채가 들어간 스프나 샐러드까지 무엇을 주든지 잘 먹고, 맑은 날에도 비 오는 날에도 밖에 나가고 싶어 한다. 기분이 나빠져도 금세 풀리고, 안 되는 이유를 설명하면 대부분 수긍한다. 엄마가 무언가를 알려주면 순순히 따라 한다.

반면 어떤 아기는 변화에 민감하다. 똑같은 음식을 똑같은 시간에 똑같은 방식으로 먹고 싶어 한다. 낯선 장난감이나 사람을 보면 놀라서 운다. 반대로 말하면 익숙한 것에 충성도가 높다.

새로운 일을 시도하는 데 신중하다.

또 어떤 아기는 관심이 생기면 무조건 머리부터 들이민다. 모든 일에 흥미가 있고 에너지가 흘러넘친다. 그런 아이의 부모는 늘 정신없이 뛰어다녀야 하고, 언제나 촉각을 곤두세워야 하며, 항상 민첩하게 상황에 대처해야 한다. 이런 아이는 끈기가 대단히 강하고 수완이 뛰어나지만, 변화에 민감하고 감정 기복이 심하다.

이것은 모두 타고난 기질이다. 최초로 아이의 기질을 유형별로 분류한 연구자는 스텔라 체스와 알렉산더 토머스다. 그들은 1956년부터 1988년까지 아기 약 140명을 추적 조사한 자료를 바탕으로 기질의 특징을 아홉 가지로 분류했다. 그 특징은 활동성, 규칙성, 변화에 대한 초기 반응, 변화에 대한 적응성, 감정 변화, 자극에 반응하는 강도, 주의 산만성, 집중을 지속하는 시간, 새로운 자극에 대한 민감성이다.

이 연구로 인해 ==아기에게는 타고난 기질이 있다는 사실이 밝혀졌는데, 그 기질은 어린 시절 내내 거의 변하지 않았다.== 뿐만 아니라 기질에 대한 부모의 영향은 제한적이며, 이러한 기질이 부모의 양육 방식에도 영향을 미친다는 것이 증명되었다.

## 자극을 좋아하는 아이 vs 싫어하는 아이

토머스와 체스는 아이의 65퍼센트가 세 가지 유형으로 분류된다는 사실을 발견했다. 그 나머지는 혼합형이다.

- **순한 아이**(전체의 40퍼센트)

적응력이 뛰어나다.

식사와 수면 패턴이 규칙적이다.

새로운 자극에 쉽게 접근한다.

변화에 유연하게 반응한다.

- **예민하고 까다로운 아이**(전체의 10퍼센트)

변화에 잘 적응하지 못한다.

식사와 수면 패턴이 불규칙적이다.

새로운 자극을 거부한다.

변화에 민감하게 반응한다.

- **신중하고 마음을 여는 데 시간이 걸리는 아이**(전체의 15퍼센트)

변화에 쉽게 적응하지 못한다.

식사와 수면 패턴이 규칙적이었다가 불규칙적이었다가 한다.

새로운 자극을 거부한다.

변화에 처음에는 유연하게 반응하지만, 여러 번 경험한 후에 받아들일지 말지 정한다.

## 내 아이의 유형을 파악한다

나는 딸아이에게 좀 더 나이가 많은 아이를 대상으로 하는 실내 암벽 등반에 도전하게 하거나 조금 멀리까지 돌아다니게 한다. 친구들은 우려를 나타내지만 나는 오히려 아이에게 그런 경험을 시키지 않는 쪽이 더 걱정이다.

물론 자기 아이는 부모가 가장 잘 알고, 대부분 아이에게 가장 좋은 선택을 내린다. 하지만 자기 선택에 불안을 느끼는 초보 부모는 다른 사람의 의견을 비판적으로 받아들이기 쉽다.

그럴 때는 다른 사람이 아이에 대해 이야기하기 전에 주위 사람에게 아이가 어떤 유형인지를 귀띔해주자. 낯가림이 심한 아이라면 "익숙해지는 데 시간이 걸리는 아이야. 스스로 다가갈 때까지 기다려줄래?", 혈기 왕성한 아이라면 "힘이 넘치는 아이야. 뭐 하나에 몰두하면 혀를 내두를 정도라니까" 하고 말해주는 것이다.

## 기질에 우열은 없다

토머스와 체스가 찾아낸 아홉 가지 특징 중 모든 상황에서 이상적인 것은 없다. 모두 장단점을 함께 가지고 있다. '강단이 있는 아이'는 친구들 사이에서 리더십을 발휘하겠지만 의견 충돌이 생기면 당신을 지치게 할 것이다. '내성적인 아이'는 문제아가 될 가능성은 적지만 학교에서 기회를 놓치는 일이 많을 것이다.

타고난 기질은 대체로 크게 변하지 않지만 겉으로 표현하는 방식은 달라진다. 예컨대 내성적인 아이는 따뜻한 지도를 통해 사람들과 좀 더 편안하게 어울리는 법을 배울 수 있다. 발달심리학자 제롬 케이건에 따르면 극단적인 기질을 가진 아이도 일곱 살이 될 때까지는 중간 성향으로 이동한다고 한다. 기질은 아이가 어떤 사람으로 성장할지 예측하는 지표가 될 수는 없다.

## 부모와 아이에게는 궁합이 있다

아이의 기질을 어떻게 받아들일지는 부모에게 달려 있다. 어떤 기질이든 부모의 가치관이나 생활 방식, 그리고 기대에 맞지 않으면 다루기 힘들다고 느낀다. 토머스와 체스는 이것을 '적합도'라고 부른다.

==아이와 적합도가 낮은 경우 부모의 기대와 생활 방식, 아이의 환경을 조정하면 더 좋은 관계를 형성할 수 있다.== 예를 들어 부모는 정적인데 아이는 활동성이 강하다면, 아이가 밖에서 노는 시간을 늘려주는 것이다.

비록 아이와 궁합이 잘 맞더라도 아이를 파악하고 어떤 양육이 적합한지 이해하는 데는 시간이 걸린다. 예컨대 우리 딸은 새로운 일에 적극적인 성격이라 모르는 사람과도 금세 어울릴 줄 알았다. 그래서 사람들 사이에 아이를 두고 나는 옆으로 빠져나왔는데, 딸이 나에게 돌아와 다리에 매달렸다. 조금은 실망했지만 잠시 안아주었더니 머지않아 스스로 사람들 사이로 다시 들어갔다.

## 예민한 아이 안심시키기

아기가 어떤 기질이든 '반드시 까다롭게 굴 때'가 있다. 해질녘은 신생아의 칭얼거림이 극에 달해 두 손 두 발 다 들게 하는 '마魔의 시간대'다.

또한 유아기에는 갑자기 부모가 뭘 해주든 "싫어!" 하며 양보하지 않는 시기가 있다. 게다가 자의식이 강해지기 시작하면 무엇이든 "내가 할 거야!" 하며 고집을 피운다. 꼭 서둘러야 할 때만 골라서 말이다.

예민한 아이는 사소한 일에도 짜증을 내고 거세게 반응하므로 어떤 부모에게든 벅찬 상대다. 하지만 아이를 편안하게 해주는 몇 가지 방법이 있다.

### • 계속 소통한다

연구에 따르면 예민한 아기의 엄마는 조금씩 아기에게 거리를 두게 되어 보살피거나 놀아주는 시간이 줄어드는 경향이 있다. 하지만 그럴수록 공감하고 이해해줘야 아이가 안심할 수 있다.

### • 훈련을 받는다

한 연구에서 생후 6개월 된 예민한 아기의 부모가 3개월에 걸쳐 아이의 요구에 민감해지는 훈련을 받은 결과, 반년 후 12개월이 된 아기의 70퍼센트가 안정적으로 애착이 형성되었다. 반면 훈련을 받지 않은 부모의 아이 중에 안정적으로 애착이 형성된 비율은 30퍼센트에 불과했다. 내 아이가 예민하다면 육아 교실이나 육아 강연, 육아서를 더 열심히 찾아보자.

### • 일관된 태도를 유지한다

예민한 아이의 부모는 훈육에 일관성이 없어지기 쉽다. 그러면 아이는 더욱더 예민해진다.

- **화가 날 때는 일단 10초간 호흡을**

아이와 엄마가 둘 다 예민한 기질인 경우 아이는 더 반항적이고 공격적으로 행동하는 경향이 있다. 화가 날 때는 갈등이 심해지지 않도록 일단 엄마가 잠시 시간을 갖고 마음을 가라앉히자.

## 34

## 일주일에 한 번 가족회의로
## 문제해결 능력을 키운다

가족의 행복을 지키는 또 하나의 방법

### 스스로 생각하는 힘이 길러진다

가족이 모여 대화를 나누는 때는 언제일까? 학교나 회사에 갈 준비를 하느라 정신없을 때? 말다툼을 하거나 화가 났을 때?

대개는 다 같이 둘러앉아 식사할 때 오늘 있었던 일을 두런두런 이야기하는 경우가 많다.

하지만 요즘에는 다 같이 모여 식사하기가 쉽지 않고, 식사 중에는 중요하거나 논의가 필요한 이야기를 하기 힘들다. 가족 사이의 대화만큼 중요한 것은 없다. 이야기를 나누기 위해 매주 20분 동안 모여 회의하는 시간을 만들어보자. 브루스 파일러의 《가족을 고쳐드립니다》에 따르면 가족회의를 하는 가정은 다음과 같은 특징이 있다.

- 스트레스가 적고 상호간 대화가 많아져 생산성이 높다.
- 아이가 문제에 봉착했을 때 창의적으로 해결한다.
- 차분하게 의사 결정을 내린다.("그 일로 화가 났었구나. 그럼 다음 가족회의 때 의논해보자.")

## 가족회의에서 해야 할 질문

가족회의를 위해서 일요일 저녁처럼 모두가 참여할 수 있는 날짜와 시간을 정해둔다. 회의 내용은 개인적인 일보다는 가족 전체의 문제에 초점을 맞춘다. 아이는 세 살 무렵부터 참여시킨다. 가족회의에서는 다음의 세 가지 질문을 해보자.

- **지난주에 가족 사이에서 좋았던 일은?**

돌아가면서 가족에 대한 칭찬부터 시작하는 게 좋다.

- **지난주에 가족 사이에서 싫었던 일은?**

상대방의 안 좋은 점을 지적할 때는 예의를 지키면서 이야기한다.

- **다음 주에 해결해야 할 일은?**

한두 가지 문제를 선택해서 함께 해결책을 논의한다. 어떤 의견이든 곧바로 부정하지 말자. 독창적인 사고를 막기 때문이다. 모든 의견을 가족이 다 같이 평가해서 해결책 하나를 선정한다. 전원이 합의한 기간 동안 시험해보고, 다음 가족회의에서 한 번 더 평가한다.

이러한 가족회의가 익숙해질 때까지 2~3주 정도 다 함께 연습하자. 가족회의를 더 즐길 수 있도록 끝난 후에 영화를 보거나 아이스크림을 먹는 등의 이벤트를 추가해도 좋다.

## 가족회의는 이렇게!

어느 날 육아 전문가 사리나 냇킨의 집에서 열린 가족회의의 안건은 '저녁식사 후에 버리는 음식이 많다'였다. 머리를 맞대고 의견을 주고받는 동안 아이들이 몇 가지 아이디어를 냈다.

"음식 수를 다 세는 건 어떨까?(엄마의 마음속 목소리: 콩 한 알까지?)"

"각자 접시에 덜어 먹으면 어때?(엄마의 마음속 목소리: 벌써 그렇게 하고 있거든?)"

"무게를 재자!"

마지막 아이디어는 해볼 만한 가치가 있겠다며 전원이 찬성했다.

요리를 담을 때 무게를 재고 식사가 끝난 후에 한 번 더 무게를 쟀다. 그리고 각각 몇 그램인지 기록하고 발표했다. 그러자 사흘 만에 남는 음식이 급격하게 줄어들었다.

아이들은 접시에 담는 양을 줄이거나 다 먹으려고 노력했다. 어느 쪽이 되었든 무게를 재기 시작하면서 책임감과 의식이 생겨난 것이다. 머지않아 접시 무게를 잴 필요조차 없어졌다.

엄마가 "이렇게 해!" 하고 일방적으로 명령하기보다는 가족이 모여 토론하는 과정을 거치면 행동은 훨씬 쉽게 변화한다.

## 35

## 아이 앞에서는 스마트폰을 내려놓는다

아이는 부모의 얼굴을 보며 마음을 읽는 연습을 한다

### 스마트폰에 시간을 빼앗기지 않는다

아이 앞에서는 스마트폰을 쓰지 말자. 이렇게 말하면 거센 항의가 빗발칠 듯하다. 그런 극단적인 조치가 정말로 필요할까?

스마트폰이나 다른 디지털 기기가 육아에 어떤 영향을 미치는지 과학적으로 입증된 연구 결과는 아직 없다. 하지만 우리는 인간이 어떤 존재인지에 대한 중요한 사실 몇 가지를 이미 알고 있고 그런 정보를 바탕으로 스마트폰을 언제, 어떻게 쓰는 게 좋을지 판단할 수 있다.

## 인생에서 가장 중요한 대인 관계 능력

인간은 사회적 동물이다. 인간은 다른 사람과 교류하고 소통하면서 성장했으며 상호작용 없이는 살아갈 수 없는 존재다. 사람과 직접 얼굴을 맞대고 하는 상호작용은 생후 1년간 특정 학습을 할 때 두뇌를 활성화하는 중요한 요소다.

그렇다면 부모나 형제와, 학교에 들어가서는 같은 반 친구나 선생님과, 사회에 나가서는 동료나 상사와, 훗날에는 반려자나 자기 아이와 좋은 관계를 맺으려면 어떻게 해야 할까? ==어릴 때부터 얼굴을 맞대고 소통하면 의사소통 능력, 남을 배려하는 마음, 자신의 감정이나 행동을 제어하는 방법 등 많은 것을 학습할 수 있다.== 그리고 의사소통의 대부분은 표정이나 몸짓 같은 비언어적 요소로 이루어진다.

## 아이에게는 마음을 읽는 연습이 필요하다

여러 연구에 따르면 의사소통을 하면서 비언어적인 정보를 이해하게 되기까지는 많은 시간이 걸린다. 세 살배기는 두 살보다 표정에 담긴 의미를 더 잘 이해한다. 예를 들면 "장난감을 정리하렴" 하고 지시를 하면서 짓는 "어서!" 하는 표정의 의미를 읽어낼 수 있다. 네 살배기는 몸동작을 보고 어느 정도는 감정을 알아차린다. 이는 다섯 살이 되면 더 능숙해진다. 여덟 살이 되면 비언어적인 신호를 성인만큼 읽어낸다.

그런데 부모가 디지털 기기에 정신이 팔려 있으면 아이는 다른 사람의 마음을 읽는 연습을 할 수 없다. 좋은 인간관계는 행복의 비결이다. 아이, 배우자, 친구와 활발히 소통하면 관계가 더욱 끈끈해진다. 이것이 진정한 행복한 삶의 열쇠다.

## 아이와 함께 있을 때 디지털 기기는 No!

나는 어린 딸이 가까이 있을 때는 스마트폰과 노트북을 사용하지 않기로 했다. 디지털 기기를 사용하면 꼭 마음먹었던 시간보다 더 오래 들여다보기 때문이다. 아이는 그럴 때마다 자신이 무시당했다고 느끼고 화를 낸다. 아마도 소통하고 싶은 상대가 화면에만 정신이 팔려 있다면 나라도 똑같이 반응할 것이다.

그래서 나는 아이가 유아용 의자에 앉아 노는 동안 부엌에서 재빨리 문자를 보내거나 조깅용 유모차에 태우고 출발하기 직전처럼 아이 눈에 뜨이지 않을 때 스마트폰을 확인한다.

스마트폰의 이메일 동기화를 차단하고 화면에 메일 착신 알림이 뜨지 않도록 설정해두면 당장 읽어야겠다고 생각할 일 자체가 사라진다. 진동으로 해두면 주의가 산만해질 일도 없다. 노트북은 아이가 낮잠을 자거나 밤에 잠들 때까지는 눈에 띄지 않는 곳에 놓아두자. 디지털 기기를 완전히 사용하지 말라는 말이 아니다. 다만 평소 디지털 기기에 얼마나 많은 시간을 빼앗기는지 한 번쯤 돌이켜보기 바란다. 주로 어떤 용도로 쓰는지, 얼마나 오래 쓰는지 점검해볼 좋은 기회가 될 것이다. 나 또한 하루에 한 번꼴로 실패하긴 하지만 이는 노력할 만한 가치가 있다. ==이제는 직접 마주보며 소통하는 시간과 환경을 만들려면 노력이 필요한 시대다.==

## 36

# 만 두 살까지 이상적인
# TV 시청 시간은 '제로'

왜 TV를 보여주지 말아야 할까?

### TV, 정말 나쁠까?

사람들은 대부분 'TV가 뭐가 그렇게 나쁘다는 거지?', '아무 상관도 없지 않을까?' 하고 생각한다. 실제로 생후 3개월에 TV를 보는 아기는 40퍼센트나 된다. 두 살에는 아기의 90퍼센트가 하루에 한두 시간 동안 TV나 DVD를 본다.

미국 소아과학회AAP가 1996년에 어린이의 TV 시청에 대한 입장을 발표했을 때 대부분의 미디어는 **"두 살까지는 TV를 절대 보여주지 말아야 한다"**라고 보도했다. 하지만 이것이 비현실적이라고 보는 사람이 많았기에 미국 소아과학회는 2013년에 자신들의 입장을 TV를 "권장하지 않는다"로 정정했다.

## TV는 아이다운 행동을 방해한다

영유아가 TV를 보면 무엇이 문제일까?

### • TV의 긍정적인 효과는 밝혀진 바가 없다

아기의 두뇌 발달을 돕는다는 교육용 DVD의 효과조차 확실하게 밝혀진 바가 없다. 인간의 뇌는 적어도 유아기까지는 사람에게 배우도록 프로그래밍이 되어 있다. 얼굴과 얼굴을 맞대는 직접적인 교류가 아기의 뇌를 작동시켜 특정 종류의 학습이 일어날지 말지를 결정하는 것이다.

### • 언어 능력을 손상시킬 수 있다

디즈니에서 출시한 유아 교육용 비디오 '베이비 아인슈타인'을 본 아기는 보지 않은 아기보다 어휘력이 부족하다는 연구 결과가 있다. 이 결과는 소비자의 불만을 불러일으켰고 결국 제작사인 디즈니가 환불해주는 사태까지 벌어졌다.

또한 두 연구에서 〈세서미 스트리트Sesame Street(1969년에 시작된 미국의 어린이 교육용 TV 프로그램—옮긴이)〉가 두 살 미만 유아의 언어 표현력을 손상시킨다는 사실이 입증되었다.(단 두 살 이후에는 취학 준비 같은 다른 부분에 도움이 된다.)

### • 아이가 교류하지 않게 된다

TV를 보는 동안 아이는 얼굴을 맞대고 소통하려 하지 않는다. 엄마의 목소리에 귀를 기울이지 않는다. 발달의 핵심인 탐색하기, 놀기, 움직이기를 더 이상 하지 않는다. 요컨대 아이가 주변과 교류하지 않게 되는 문제가 발생하는 것이다.

TV는 아이를 위한 물건이 아니다. 부모가 아이에게서 벗어나기 위한 도구일 따름이다. 엄마가 청소하는 동안 아장아장 걷는 아기를 30분간 얌전히 앉아 있게 하면 서랍 속 물건을 죄다 끄집어내는 일은 없을 것이다. TV 대신 교육용 비디오를 보여주는 것은 그저 부모의 죄책감을 줄여줄 뿐이다.

아마도 아이에게 TV를 보여주는 진짜 이유는 부모가 잠시 쉬기 위해서일 것이다. 하지만 그럴 때는 배우자나 이웃, 친척, 친구에게 도움을 요청하는 편이다. 또 부모들은 가끔 일을 수월하게 보기 위해 TV를 튼다. 하지만 달라진 현실을 받아들이고 죄책감을 덜기 위해 핑계를 대며 하던 행동을 이제 그만 내려두자. 그것만으로도 스트레스는 크게 줄어들 것이다. 그리고 다른 볼일을 본다 하더라도 아기가 곁에 있다면 우선순위를 '소통'에 두자. 물론 끝마칠 수 있는 일이 적어지고 시간도 다섯 배는 더 걸릴 테지만 아이만 건강히 자란다면 그런들 어떻겠는가!

## 그러나 TV 시청 금지 규칙은 느슨하게

우리 부부는 '영상을 보지 않는다'는 방침을 세웠다. TV를 끄면 아이와 대면하는 시간이 눈에 띄게 늘어나고 더 즐겁게 교감할 수 있다. TV를 켜면 부모와 자녀의 소통이 20퍼센트 줄어든다는 연구 결과에도 수긍이 간다.

하지만 이 규칙을 약간은 느슨하게 적용하고 있다. 베이비시터가 딸에게 스마트폰으로 동영상을 보여줄 때도 있고 저녁식사를 하면서 TV를 보는 친구 집에 방문할 때도 있다. 그리고 스포츠 결승전은 TV 시청 금지 규칙의 예외 대상이다.

나는 TV 시청 금지를 느슨하게 정해둔 우리 집 규칙이 마음에 든다. 미국 소아과학회도 TV를 완전히 금지해야 한다는 입장은 아니므로 약간 보여주는 정도로 죄책감을 느끼지는 않으니까 말이다.

## 37

# 언제, 어떤 방식으로
# TV나 동영상을 보여줘야 할까?

**아이에게 도움이 되는 좋은 프로그램 고르는 법**

### '대화형 프로그램'을 선택한다

두 살이 넘으면 아이는 대화형 TV 프로그램을 보며 학습할 수 있다. 예를 들면 이런 프로그램이 좋다.

— 캐릭터가 아이에게 말을 건넨다.
— 캐릭터가 아이에게 대답할 시간을 준다.
— 캐릭터가 아이에게 물건의 이름을 맞힐 기회를 준다.

〈블루스 클루스 Blue's Clues(아이들이 학습할 내용을 퀴즈 형식으로 꾸진 프로그램)〉나 〈도라 디 익스플로러 Dora the Explorer(주인공 소녀 도라가 여행하며 모험을 즐기는 애니메이션)〉 등과 같이 이런 특징이 있는 교육 프로그램은 어휘력과 사회성을 길러주고 취학 전 교육에도 도움이 된다.

만 두 살을 기준으로 잡는 이유는 무엇일까? 연구에 따르면 생후 18개월에서 30개월 사이에는 아이의 정보 처리 능력이 변화하면서 아기가 TV에 집중하기 쉬워지고, 화면을 반복적으로 접하면서 정보를 얻는 방법을 학습할 수 있기 때문이다.

• **어휘력이 늘어난다**

한 연구에 따르면 대화형 TV 프로그램을 본 아이는 보지 않은 아이보다 어휘력이 늘어났다. 반면 〈바니와 친구들〉이나 〈텔레토비〉 같은 비대화형 프로그램을 본 후에는 어휘력이 줄어들었다. 디즈니 영화를 본 후에는 변화가 없거나 줄어들었다.

• **사회성이 높아진다**

세 살배기에게는 자극적인 내용의 성인 만화영화를 보여줘야 할까, 아니면 동물이 서로 협동하는 내용의 어린이 만화영화를 보여줘야 할까?

아이들에게 보여주는 만화영화를 폭력적인 성인물에서 상대방의 입장에서 생각하자, 남을 돕자, 비폭력적인 방법으로 분쟁을 해결하자 등의 친사회적 메시지가 담긴 어린이물로 바꿨더니 취학 아동의 공격적인 행동이 줄어들었다는 사실이 최근 연구에서 밝혀졌다.

- **초등학교에 가기 전 준비 학습이 된다**

저·중소득층 가정을 대상으로 한 연구에서 〈세서미 스트리트〉와 같은 교육 프로그램을 본 아이는 보지 않은 아이에 비해 3년 후의 학교 성적이 더 높았다.

## 장시간 TV 시청의 위험성

미국 소아과학회는 두 살 이상의 아이가 TV 등의 화면을 보는 것을 하루 한두 시간으로 권장한다. 이유는 다음과 같다.

- **비만의 위험이 커진다**

TV를 보는 동안 무언가를 먹기는 해도 몸을 움직이지는 않는다. TV 시청은 지극히 수동적인 활동이어서 책상 앞에 앉아 있을 때보다도 신진대사율이 낮다. 하루에 두 시간 이상 TV나 DVD를 보면 건강을 해칠 우려가 있다.

- **독서 시간을 빼앗는다**

어린 자녀가 있는 가정의 30퍼센트는 대체로 TV가 늘 켜져 있다. 이런 가정은 그렇지 않은 가정에 비해 세 살에서 네 살 어린이의 독서 시간이 25퍼센트, 다섯 살에서 여섯 살 어린이의 독서 시간은 40퍼센트나 적다는 연구 결과가 있다.

- **놀이를 방해한다**

아이는 자기가 보지 않아도 TV가 켜져 있으면 이따금 힐끗 쳐다보는 정도여서 TV에 주의를 기울이지 않는 듯이 보인다. 그런데 한 살에서 세 살 어린이를 조사한 결과 실제로 TV가 켜져 있으면 노는 시간이 줄고 놀이에 집중하지 못해 장난감을 여러 차례 바꾸며, 머리를 써야 하는 놀이가 줄어든다는 사실이 밝혀졌다.

- **집중력이 약해진다**

연구에 따르면 하루에 두 시간 이상 TV를 보는 아이는 집중하는 시간이 짧다.

- **수면을 방해한다**

하루에 두 시간 넘게 TV를 보는 아이는 수면에 많은 문제가 발생하는 경향이 있다. 밤에 TV를 보는 것은 좋지 않다. TV를 켜

두면 아이를 재우는 데 도움이 된다는 부모도 있지만 한 연구 결과에 따르면 취침 시간이 늦어지고, 잠드는 데 시간이 더 오래 걸리며, 잠들기 불안해하고, 수면 시간이 짧아진다.

수면 부족은 장기적인 학습 능력에 악영향을 끼친다. 물론 다음날의 기분이나 행동에도 영향을 준다.

### • 폭력적인 프로그램을 모방한다

딸아이가 19개월일 때 TV로 미식축구 경기를 본 후 양손을 하늘로 번쩍 들어올리며 "터치다운(상대편 골라인 너머까지 공을 갖고 들어가 득점하는 것—옮긴이)!" 하고 외쳤다. 남편의 부추김도 한몫했다. 이때까지만 해도 마냥 귀여웠다. 그런데 바닥으로 몸을 낮추고 내 머리를 들이받으러 올 때는 난감하기 짝이 없었다.

두 살에서 다섯 살 아이는 아직 현실과 가상을 정확히 구분하지 못한다. 한 연구에서 사용한 표현을 인용하자면 아이들은 "너무도 비현실적인 행동 패턴"까지도 모방한다. 요즘 당신의 아이가 보고 있는 프로그램이 부모로서 아이가 따라 하길 바라는 내용인지 돌이켜보자.

### • 숨겨진 메시지가 전해지지 않는다

한 교육용 프로그램을 반복해서 시청한 아이들이 점점 폭력적으로 변한 사례가 있다. 물리적으로 가하는 폭력이 아닌 친구

관계에서의 괴롭힘으로 나타난 것이다. 예를 들어 다른 아이가 부탁을 들어주지 않으면 생일파티 초대장을 주지 않거나 무리에 끼워주지 않는 등의 행동을 보였다.

문제의 원인이 된 TV 프로그램은 인간관계에 갈등이 생겨 대립하지만 결국에는 화해한다는 설정으로 전개되는 내용이었다. 하지만 아이들끼리 시청할 경우 갈등에만 집중하고 내용에 담긴 도덕적 메시지는 전해지지 않았다. 일례로 강아지가 주인공인 교육용 애니메이션 〈사랑해 클리포드Clifford the Big Red Dog〉의 한 에피소드에 담긴 메시지는 '겉모습이 달라도 우정을 나눌 수 있다'였는데 유치원생의 90퍼센트가 이 메시지를 이해하지 못했다.

## TV 시청의 다섯 가지 원칙

그렇다면 어떻게 해야 할까? 아이에게 TV를 보여줄 때는 다음과 같은 다섯 가지 원칙이 있다.

- **부모와 자녀가 함께 TV를 본다**

수많은 연구에서 부모와 아이가 함께 TV를 보면서 내용에 관해 대화하는 것이 TV의 나쁜 영향을 줄이고 좋은 영향을 끌어내는 방법임이 입증되었다. 우선 부모도 재미있게 볼 수 있는 어린이용 프로그램을 선택해서 함께 TV 앞에 나란히 앉자.

• **캐릭터가 질문하면 대답한다!**

바보 같은 소리로 들릴지도 모르지만 TV를 향해 대답하는 것은 큰 차이를 낳는다. 여기서는 '아이와 함께 참여한다'가 철칙이다. 캐릭터가 "숫자를 세어 봐요" 하면 숫자를 세고, 마법의 주문을 외치면 함께 외치고, 아는 노래가 나오면 따라 부르자.

• **아이에게 내용에 관해 질문한다**

부모의 질문은 아이가 TV 내용에 집중하게 만드는 가장 좋은 방법 중 하나다. 다음 장면으로 넘어가는 막간을 이용해 아이에게 말을 걸거나 DVD라면 일시정지 버튼을 눌러두고 자유롭게 대답할 수 있는 질문을 해보자.

"저 아이는 왜 그런 기분이 들었을까?"

"저렇게 될 줄 어떻게 알았어?"

• **내용을 일상과 연관시킨다**

수족관에 가는 장면이 나오면 아이와 함께 수족관에 갔던 추억에 관해 대화한다. 캐릭터가 블록이 무너져서 슬퍼하는 장면이 나오면 아이가 블록을 무너뜨려서 울었던 때의 이야기를 한다.

- **다 보고 난 후에는 대화를 나눈다**

프로그램이 끝나면 TV를 끄고 감상을 묻거나 줄거리를 되짚어본다. 아이에게 마음에 들었던 캐릭터나 장면이 무엇이었는지 묻고 부모가 좋았던 장면도 말해주자. 교육용 프로그램은 어른이 학습을 도와주면 절대적인 효과를 발휘한다!

**최강의 육아 플러스**

### TV 시청을 줄이는 요령

미취학 아동이 TV를 포함한 미디어를 시청하는 시간은 하루 평균 네 시간으로, 미국 소아과학회가 권장하는 최대치의 두 배에 달한다. 두 살 반에서 다섯 살 반 된 아이들을 대상으로 한 연구에 따르면, 시청 시간을 줄이는 요령이 있음을 알 수 있다. 다음 순서에 맞춰 시도해보자.

- 아이와 함께 TV 시청 이외에 '하고 싶은 일 리스트'를 작성한다.
- 아이와 함께 TV 시청과 관련된 책을 읽어본다. 예를 들어 《베렌스타인 베어 가족과 지나친 TV 시청The Berenstain Bears and Too Much TV》에는 엄마 곰이 TV 앞을 떠나지 않는 아이들에게 일주일간 TV 금지령을 내렸는데 다른 즐거운 놀이를 하다 보니 일주일이 지난 후에도 TV를 보지 않게 되었다는 내용이 나온다. 이와 같은 책을 함께 읽고 토론해본다.
- 1주일 동안 TV를 켜지 않는다. TV 옆에 붙일 'TV 금지 포스터'를 아이와 함께 만든다. TV를 보지 않는 시간에 앞서 리스트로 작성한 하고 싶은 일을 한다.

── 38 ──

# 전문가들은 자녀의 미디어 시청을 어떻게 지도할까?

현명한 부모를 위한 우리 아이 영상 시청 가이드라인

## 교육용이라고 무조건 좋지는 않다

'교육용'이라는 이름이 붙은 애플리케이션이나 게임이라고 해서 반드시 아이 학습에 도움이 되지는 않는다. 학습을 위해서는 두 가지 기준을 충족해야 한다.

첫째, 물리적으로 반응하는 것이 좋다. 예컨대 단어의 발음을 듣기 위해 화면을 터치해야 하는 애플리케이션이 단순히 듣기만 하는 수동적인 종류보다 더 많이 배울 수 있다. 둘째, 사회적일수록 좋다. 예컨대 아이 둘이 함께 화면을 터치하는 게임이 혼자 터치하는 종류보다 두 배 더 많은 학습 효과를 가져온다.

두 살이 지나면 영상을 통해 학습할 준비가 갖춰진다. 하지만 아이가 건강하게 자라려면 사회적인 교류나 운동, 놀이, 대화 등이 훨씬 더 중요하다. 다시 말하지만 미국 소아과학회에서는 TV, 컴퓨터, 스마트폰 등을 모두 합쳐 영상 시청은 하루 두 시간 미만으로 제한하라고 권장한다.

## 영상을 보여줄 때의 규칙

아이에게 TV나 컴퓨터로 영상을 보여줄 때 유의할 점을 몇 가지 소개한다.

### • 내용을 선별한다

아이가 봐도 좋은 책, 웹 사이트, 게임, 애플리케이션을 세심하게 선별한다.

나는 디지털 기기를 체험 학습의 도구로 사용한다. 예컨대 나는 버스로 이동하는 동안에 아이에게 지도 애플리케이션을 보여주면서 지금 있는 장소를 알려준다. 또 애벌레를 키운다면 번데기에서 나비로 변하는 모습을 실제로 관찰하는 것과 함께 변화 과정을 볼 수 있는 동영상을 찾아보는 것이다.

- **TV 시청 시간을 제한한다**

하루 동안 해야 할 일의 우선순위를 매겨 TV 시청 시간을 결정한다. 아이의 두뇌 발달에는 운동, 놀이, 수면이 훨씬 더 중요하므로 최우선 순위에 둔다.

- **놀이와 TV 시청의 비율을 정한다**

가령 몸을 움직이는 놀이와 TV 시청의 비율을 3대 1로 정해둔다. 세 살에서 다섯 살까지의 유아는 낮에는 한 시간마다 최소 15분씩은 놀아야 한다.

- **'시간 쿠폰 제도'를 도입한다**

주말에 분 단위로 시간이 적힌 쿠폰을 건넨다. 아이는 부모가 가치를 두는 행동, 예를 들어 심부름하기, 재미있게 놀기, 예의 바르게 행동하기 등을 하면 쿠폰에 적힌 시간만큼 TV를 볼 수 있다. 쿠폰 사용에 대해서는 아이가 결정하게 하자.

- **의존하면 사용을 금지한다**

어릴 때 컴퓨터를 쓰지 않았다고 해서 훗날 불리하게 작용한다는 증거는 어디에도 없다. 조금 더 성장한 후에 접해도 이런 기기들은 금세 익숙해진다. 아이가 디지털 기기에 의존하는 조짐이 보인다면 안 보이는 곳으로 치워두자.

- **부모의 TV 시청 시간을 줄인다**

아이의 TV 시청 시간을 결정하는 가장 큰 요인은 무엇일까? 부모가 정한 규칙이나 가족이 함께 시청하는 시간이 아니라 부모가 얼마만큼 TV를 보는가다. 부모가 보는 시간만큼 아이를 TV에 노출시키고 싶지 않다면 부모의 습관부터 바꾸려고 노력하자.

## 전문가는 자기 자식을 어떻게 교육할까?

미디어의 영향을 연구하는 전문가들은 자녀의 미디어 시청을 어떻게 지도할까? 워싱턴 대학교 아동발달 교수이며 시애틀 어린이병원 소아과 전문의인 디미트리 크리스타키스는 캐나다 일간지 〈글로브 앤드 메일The Globe and Mail〉에서 자기 가족의 규칙을 소개했다.

"나 역시 부모이고 우리 집에도 우리만의 규칙이 존재해요. 부모는 가족의 규칙을 정해야 할 의무가 있어요. 저는 미국 소아과학회가 권장하는 하루 두 시간은 너무 길다고 생각해서 개인적으로는 추천하지 않아요. 특히 우리 집에서는 평일에 오락적인 목적으로는 미디어를 사용하지 못하게 해요. 여기에서 말하는 '오락'이란 머리를 쓰지 않는다는 의미죠. 예컨대 열다섯 살인 아들은 컴퓨터로 작곡을 하는데, 이것은 머리를 쓰는 오락이에요. 문자 메시지도 마찬가지고요. 좋든 싫든 문자 메시지는 중·고등학생들 사이에서 중요한 커뮤니케이션 수단이 되었기 때문이죠. 우리 집에서는 문자 메시지를 주고받는 시간은 통화하는 시간과 똑같이 생각해요."

육아 전문가이자 사회 복지사인 사리나 냇킨은 인터뷰에서 이렇게 대답했다.

"우리 집에서 정해둔 미디어 사용 시간은 평일에는 20분이고 주말에는 조금 더 길어요. 왜냐하면 수면, 놀이, 숙제, 저녁식사를 우선순위에 두면 남는 시간이 별로 없기 때문이죠. 이 규칙은 다섯 살, 여덟 살 된 두 딸과 함께 만들었어요. 주말에 더 많이 볼지, 평일에는 안 볼지, 매일 조금씩 볼지는 아이들과 함께 결정했죠. 물론 무엇이든 볼 수 있게 하지는 않아요. 광고를 제거한 녹화 방송, 부모가 확인한 애플리케이션, 들어가도 좋다고 허락한 웹 사이트에만 접속할 수 있죠."

**최강의 육아 플러스**

## 아이와 함께 게임 즐기기

TV뿐 아니라 게임 때문에 걱정하는 부모들이 많다. 아이가 게임 하는 것을 무조건 막을 수는 없다. 아이가 게임을 좋아한다면 가장 좋은 방법은 부모가 함께하는 것이다. 아이에게 적절한 게임을 선택해 함께 즐기면, 승리의 짜릿함과 패배의 쓰라림을 나눌 수 있고, 실력을 늘려 승리하기까지는 인내가 필요하다는 교훈도 얻을 수 있다.

어린 시절, 언니들과 둘러앉아 초창기 컴퓨터 게임인 〈마이크 더 매직 드래곤Mike the Magic Dragon〉을 즐겼던 추억이 있다. 적을 피해 점프하고 낙하산에서 뛰어내리면서 알파벳을 먹은 다음 'DOS'나 'PRINTER' 같은 컴퓨터 용어의 철자를 순서대로 나열하는 게임이었다. 그 게임을 언니들과 함께할 때면 즐거움이 배가 되었다.

# 39

## 문제에 유연하게 대처하는
## 아이로 키우려면?

아이 스스로 문제를 해결하는 능력을 키우는 네 가지 방법

### 실패, 불쾌감, 지루함을 받아들인다

자식이 슬퍼하는 모습을 지켜보고 있기란 고통스럽기 짝이 없는 일이다. 하지만 부모가 모든 문제를 해결해준다면 아이는 스스로 문제를 해결하는 능력을 익힐 수 없다.

부모는 아이가 어른이 될 준비를 하도록 도와줘야 한다. 다시 말해 아이에게 어려움은 극복할 수 있다고 일깨워주고, 아이 스스로가 미래를 헤쳐 나갈 수 있도록 돌봐줘야 한다. ==역경을 회피하는 게 아니라 건강하게 대처하는 법을 가르쳐야 하는 것이다.==

스스로 해결하는 능력을 키우려면 다음 네 가지 방법을 활용해보자.

- **기다린다**

아이가 뚜껑을 열려고 할 때 3초만 지나도 대신 열어주고 싶겠지만 1분만 더 기다리자. 아이를 무릎 위에 앉히고 가만히 기다리는 것이다. "맞아, 왼쪽으로 돌려서 여는 거야. 엇, 왼쪽으로 돌렸다가 오른쪽으로 돌리면 뚜껑이 안 열릴 텐데?" 하고 말해줘도 좋다.

약간만 더 돌리면 열릴 듯할 때는 "조금 더 힘내!" 하며 격려해주고, 포기할 낌새가 보이면 "도와줄까?" 하고 묻는다. 아이 손을 손바닥으로 감싼 채 뚜껑을 비틀어서 열릴 때의 감각을 느끼게 해주자.

- **말로만 하지 않고 보여준다**

세 살짜리 아이가 코트를 안 입으려고 할 때는 "오늘 날씨가 어떤지 볼까?" 하며 아이를 데리고 현관 밖으로 나가본다. "으으, 추워! 따뜻하게 지내려면 코트 입어야겠다, 그렇지?"라고 말하면 찬 공기를 느낀 아이는 엄마의 말을 더 쉽게 이해할 수 있다.

- **불쾌한 감정을 받아들인다**

즐거운 감정뿐 아니라 거북하다, 부끄럽다, 미안하다, 억울하다와 같은 불쾌한 감정도 있는 그대로 받아들이고, 그것을 입 밖으로 표현하는 것은 의외로 아주 중요하다. 아이가 불쾌한 감정을 무시하지 않고 정확히 느끼게 하자. 고통스러운 감정으로부터 아이를 보호하려 하기보다는 어떻게 하면 그런 감정을 헤쳐 나갈 수 있을지 함께 이야기해보자.

### • 자유 시간을 확보한다

하루의 일정을 빡빡하게 세우거나 TV를 지나치게 오래 보여주면 아이는 지루할 틈이 없어서 시간을 보내는 방법을 학습하지 못한다. 그래서 늘 바쁘게 지내던 아이는 시간이 비면 안절부절못한다. 또 혼자 시간을 보내는 법을 배우지 못했으므로 항상 부모에게 의지하게 된다.

지루하면 초조하고 불안해지므로 뇌는 그 상태에서 벗어나려고 공상에 잠기거나 상상의 나래를 펼치거나 문제나 계획을 깊이 생각하는 등 건설적인 일을 찾으려 한다. 그래서 연구자들이 '지루함이 학습과 창의력을 만든다'고 말하는 것이다.

다음번에 아이가 심심하다고 말하면 "심심하구나? 엄마는 지금 책을 읽고 있어. 우리 ○○는 뭘 할래?" 하고 말해보면 어떨까?

6장

# 독립심과 자제력을 키우는 훈육의 기술

## 40

# 아이의 기질에 맞는 훈육법은 따로 있다

부모가 아이를 양육하는 네 가지 방식

## 부모의 양육 방식이 평생을 좌우한다

자립심이 강한 아이, 자신감 있는 아이, 사회성이 좋은 아이, 불안이 적은 아이, 쉽게 우울해지지 않는 아이. 이런 아이로 키우는 양육 방식은 따로 있다.

자식을 이런 아이로 자라게 하는 부모는 아이의 요구에 민감하게 반응하며, 단호하면서도 정중하게 부모가 정한 규칙을 지키게 한다. 캘리포니아 대학교 버클리 캠퍼스의 아동심리학자인 다이애나 바움린드는 이런 양육 방식을 '민주형'이라고 부른다.

1980년대 중반 이후 수많은 연구가 진행되면서 양육 방식과 아이의 사회적 행동에는 밀접한 상관관계가 있음이 밝혀졌다.

물론 양육 방식이 아이가 어떤 사람으로 성장할지를 보장하지 않는다. 부모가 아이에게 미치는 영향에는 한계가 있다. 양육 방식 외에도 유전자, 친구, 문화, 부모 외의 베이비시터나 교사, 조부모와 같은 다른 요인들도 있기 때문에, 부모에게서 받는 영향은 20~50퍼센트 정도다. 그래도 할 수 있는 일이라면 뭐든 하고 싶은 게 부모 마음 아닐까?

## 훈육은 '단호'하면서도 '따뜻'하게

부모가 아이를 양육하는 방식은 크게 네 가지로 구분할 수 있다.

- **독재형 부모**

엄격하지만 다정하지 않다. 규칙을 엄하게 세운 후 아이에게 이유를 설명해주지 않고, "그냥 내가 말한 대로 해!"라고 말하며 무조건 따르기를 기대한다.

이런 부모를 둔 아이는 보통 예의 바르게 행동하지만 자제력이라는 매우 중요한 능력의 발달이 늦어진다. 또한 선악의 판단 기준이 내재된 규범이 아니라 처벌의 위협과 같은 외부의 억압에서 만들어지기 때문에 도덕적인 판단력이 떨어진다.

#### 독재형 부모의 말투

— "야! 새치기하면 어떡해! 빨리 비켜. 저 아이 먼저 보내줘."
— "이제 집에 가자"라고 말하고, 그래도 계속 놀면 안아서 데리고 간다.
— "거기 서! 신발 똑바로 신어."
— "이리 와. 지금 당장 사과해. 다음에 또 친구를 때리면 혼날 줄 알아."
— "앉아!"
— "더 먹고 싶어? 안 돼. 아까 간식 먹었잖아. 한 개만 먹는 게 규칙이야."

- ### 민주형 부모

엄격하면서 다정하다. 아이에게 깊이 관여하고, 섬세하게 반응하며, 기대치가 높다. 의식적으로 독립심과 자주성을 키워준다. 규칙을 세울 때는 아이와 함께 정하고, 어기면 어떻게 되는지 분명하게 일러준다. 벌을 주기보다는 바르게 행동하도록 가르친다.

#### 민주형 부모의 말투

— "○○야, 네 차례를 기다리자."
— "5분 후에 집에 갈 거야."
— "미끄럼틀 한 번만 더 타고 코트 입자." 그래도 계속 놀면 안아

서 데리고 간다.
— "와, 대단하다! 신발이 벗겨졌는데도 산에 올라가는 방법을 알아냈구나."
— "화났다고 친구를 때리면 안 돼. 어떻게 행동해야 했을까? 또 그러면 여기서 나가야 해."
— "유모차에서는 얌전히 앉아 있어야 해. 네가 떨어져서 다치면 엄마가 슬프잖아."
— "더 먹고 싶어? 그럼 포도랑 치즈 중에 하나만 먹어."

• **자유방임형 부모**

다정하지만 엄격하지 않다. 아이를 정성껏 보살피고 대화도 많이 나누지만 응석을 다 받아준다. 갈등과 규율을 싫어해서 규칙을 정해두지 않는다.

이런 부모 밑에서 자란 아이는 자존감이 높지만 충동적이어서 마약이나 알코올 중독에 빠지기 쉽고 학교에서 문제를 일으키기 쉽다.

**자유방임형 부모의 말투**
— 아이가 새치기하는 모습을 지켜만 본다. 상대방 부모에게 미소를 지어 보이며 사과한다.
— "이제 집에 갈 시간이야, 가자." 그래도 계속 놀면 잠자코 앉아

서 기다린다.
- "신발이 벗겨졌는데, 똑바로 신는 게 좋지 않을까?"
- "다음에 또 친구를 때리면 집에 돌아갈 거야. 엄마가 지금 뭐랬지? 다시는 그러지 마. 지금 당장 집에 갈래? 엄마가 때리지 말라고 부탁했잖아. 그만 하라니까. 집에 갈래? 또 때리면 집에 갈 거야."
- "앉자. 앉는 게 나을 텐데. 그래, 잠깐만 서 있지 뭐."
- "더 먹고 싶어? 알았어. 먹고 싶은 만큼 다 먹어."

• **무관심한 부모**

엄격하지도 다정하지도 않다. 아이의 기본적인 욕구는 충족시켜주지만 그 이외에는 관여하지 않는다. 이런 부모 밑에서 자란 아이는 비행을 저지르기 쉽다.

## 자신의 양육 방식을 결정한다

양육 방식은 아이의 기질, 부모의 기질, 부모가 어렸을 때 받은 양육 방식, 주변 지인들의 양육 방식 등에 영향을 받는다.

독재형 양육 방식은 겁을 주거나 때려서 말을 듣게 하므로 어떤 의미에서는 편하다. 민주형은 시간과 노력, 인내심이 필요하다. 실패하더라도 계속 시도하겠다는 마음가짐으로 도전해야 한다. 부모가 성격이 급하거나 주위에 본보기로 삼을 만한 민주형 부모가 없다면 어려울지도 모른다.

그때그때 충동적으로 대처하기보다는 미리 양육 방식을 정해두는 편이 수월하다. 나는 매일 조금씩 교정해나간다. 어떻게 양육할지는 결국 부모의 선택에 달렸다. 심리상담사나 육아전문가, 부모 교실의 도움을 받는 방법도 있다.

## 기질에 맞는 양육 방식 선택하기

==민주형을 목표로 하되 어디까지나 기준 정도로만 생각하고 유연하게 대응하자.== 민주형은 대담하고 적극적이며 협동심이 강한 아이에게 효과적이다. 충동적이거나 반항적인 아이는 대인관계에서 폭력성이나 공격성이 나타나지 않도록 독재형에 가깝게 엄격하게 통제하면서 훈육해야 한다. 내성적이거나 불안해하거나 겁이 많은 아이는 자유방임형에 가깝게 훈육하며 다정하게 이끌어줄 필요가 있다.

아이를 양육하고 훈육하는 데에는 해도 되는 일과 하지 말아야 할 일의 경계선, 즉 규칙이 필요하다. 다음 장에서 알려주는 네 가지 가이드라인은 효과적인 규칙을 세우는 데 도움이 된다.

---
## 41

# 훈육이란
# '규칙을 가르치는 것'!

---

**아이 스스로 지키는 규칙을 정하는 네 가지 방법**

### 첫째, 명확하고 일관성 있는 규칙을 만든다

장기간에 걸쳐 효과를 발휘하려면 규칙은 반드시 '일관성 있게' 적용해야 한다. 왜냐하면 이 규칙은 여러 차례 반복해서 사용하기 때문이다.

일관성을 유지해야만 하는 규칙은 예컨대 '난로나 선풍기는 건드리지 않는다'와 같은 것들이다. 나는 딸아이가 아장아장 걸어서 난로 근처로 다가갈 때면 다급한 목소리로 즉시 규칙을 일러준다. 이런 규칙들은 예외 없이 아이에게 일깨워주고 적용해야 하는 규칙들이다.

그런데 규칙에 따라서는 때때로 일관성을 잃기도 한다. 예를 들면 우리 딸은 식탁에 올라가기를 좋아한다. 물론 딸아이는 식탁에 올라가면 안 된다는 규칙을 잘 알고 있다. 한쪽 다리를 식탁에 걸치고는 고개를 가로저으면서 "식탁에 올라가면 안 돼" 하고 말하니까. 매번 곧바로 저지하는 편이 훨씬 효과적이지만 식탁 위에서 귀엽게 춤추는 딸의 모습에 나도 모르게 미소 짓고 만다.

규칙 스무 가지를 한꺼번에 실행하기보다는 ==정말 중요한 두세 가지만 정해서 반드시 지키게 하는 편이 수월하다.== 부모가 일관성 없이 규칙을 적용하면 아이는 정말로 지켜야 하는 규칙인지 아닌지 혼란스러워한다.

부모에게는 연습할 기회가 얼마든지 있다. 아이는 몇 번이고 규칙을 시험하려 하기 때문이다. 아이는 시험을 반복하면서 그 규칙이 왜 중요한지를 학습하고, 원하는 대로 행동할 수 있는 범위를 파악하며, 부모의 반응을 관찰하고, 때로는 부모의 웃음을 유도한다.

## 둘째, 규칙의 이유를 설명한다

이유를 설명하는 문장 하나만 덧붙이면 아이는 규칙을 더 잘 따른다. 다음 두 가지 방식으로 이야기한다고 생각해보자.

"현관문을 닫자."

"현관문을 닫자. 고양이가 집을 나가면 슬프니까."

두 번째 문장이 훨씬 와닿지 않는가? 만일 규칙을 어겨서 잘못된 결과가 나오면 규칙의 이유를 들은 아이는 '나는 그렇게 하지 말아야 했다. 왜냐하면 ○○(부모가 말해준 이유)이니까' 하고 규칙과 잘못된 행동 사이의 연결고리를 이해한다.

아이는 이러한 사고 과정을 반복하면서 자신의 가치관에 규칙을 편입해간다. 다른 일을 할 때도 규칙을 적용하게 되고, 결국에는 보는 사람이 없어도 규칙을 지키게 된다.

규칙의 이유를 듣지 못한 아이는 '나는 그렇게 하지 말아야 했다. 왜냐하면 혼나니까'라는 결론밖에 도출하지 못한다. 이때 아이는 자신의 도덕심이 아닌 처벌이라는 외부의 위협에 따라 행동하게 된다. 옳고 그름을 판단하는 개인적인 신념인 도덕심은 아이가 세상을 살아가는 데 아주 중요한 도구다.

### 셋째, 규칙을 지키도록 도와준다

아이는 금세 까먹고 쉽게 산만해지며 자주 실수한다. 부모가 규칙을 다시 한 번 일러주면 비판적 사고와 자제력을 기르는 데 도움이 된다.

- **아이에게 미리 상기시킨다**

정해진 시간이 지나도 TV를 안 끄려고 하거나, 친구를 때리려고 한다든가, 쇼핑할 때 칭얼대려고 할 때 등 규칙을 어길 듯한 상황이 벌어지기 바로 직전에 아이에게 언질을 준다.

"쇼핑하다가 장난감이 갖고 싶어지면 어떻게 하기로 했지? 규칙을 어기면 어떻게 하기로 했더라?"

- **나쁜 행동을 하지 않았을 때는 칭찬한다**

"잘 놀고 있구나? 우리 ○○, 참 기특하다."
"얌전히 앉아 있어줘서 고마워. 힘들었지?"

- **규칙을 어길 기미가 보이면 다시 상기시킨다**

"우리 어떻게 하기로 약속했더라?"
"지금은 어떻게 행동해야 하지?"
"네가 TV 끌래, 아니면 엄마가 끌까?"

- **효과가 없을 때는 단호하게 정해둔 행동을 한다**

"규칙을 어기면 어떻게 하기로 했는지 알지? 지금 당장 가게에서 나갈 거야. 다음에는 오늘처럼 굴지 말자."

## 넷째, 규칙을 함께 만든다

사소한 업무 하나까지 일일이 지시하고 당신의 의견은 귓등으로도 안 듣는 상사와 일해본 경험이 있는가? 상상만 해도 끔찍하지 않은가? 아마도 불만이 쌓이고 쌓이다가 폭발해서 반항하게 될 것이다. 이런 상황이 오면 서로 못마땅해 하며 지지 않으려는 권력 투쟁을 시작하지 않을까?

아이에게 '그런 상사'가 되지 말자. 당신의 말과 행동이 아이에게 어떻게 받아들여질지 한 걸음 물러나 아이의 입장에서 생각해보자. 그리고 아이와 함께 규칙을 만들자. 다만 규칙은 잘못된 행동을 했을 때가 아니라 부모도 아이도 평온한 상태일 때 정해야 한다.

==함께 규칙을 만들면 아이는 부모가 자신을 존중하고 가치 있게 여기며 공정하게 대접해준다고 느낀다.== 게다가 아이가 규칙을 위해 제시하는 훌륭한 아이디어에 당신은 깜짝 놀랄지도 모른다. 아이와 팀을 이뤄 협력해보자!

### • 대화 시간을 마련한다

예컨대 아이가 부모의 희망보다 더 많은 시간을 TV 앞에서 보낸다고 가정하자. 그럴 때는 아이에게 "저녁식사 때 TV 시청 시간에 대해 규칙을 정하자" 하고 이야기한다.

- **문제점을 정리한다**

아이와 함께 숙제, 저녁식사, 놀이, 독서, 취침 등 매일 해야 할 일을 리스트로 작성한다. "그럼 하루에 TV를 볼 수 있는 시간은 30분 정도네" 하고 말한 다음 "TV 시청 말고 매일 하고 싶은 다른 일은 없어?" 하고 아이의 의견을 묻는다.

- **아이가 자유롭게 정해도 되는 부분은 의견을 묻는다**

"TV는 언제 볼래? 저녁 먹기 전 30분이 좋아, 아니면 저녁 먹은 후 30분이 좋아?"

"엄마가 부탁했는데도 TV를 끄지 않을 때는 어떻게 할래? 엄마가 말하지 않아도 네가 알아서 끌 수 있는 좋은 방법은 없을까?"

- **합의한 규칙을 발표한다**

"숙제를 다 끝내면 30분 동안 TV를 봐도 좋아. 타이머가 울려도 TV를 끄지 않을 때는 그 시간만큼 다음 날 TV 보는 시간이 줄어들 거야."

## 42

## 떼쟁이 아이의 행동에 대처하는 감정조절법은?

우선 부모 자신의 감정부터 파악한다

### 아이가 이성을 잃었을 때

친구의 두 살 된 아들을 하룻밤 맡았을 때의 일이다. 아이는 "엄마 보고 싶어, 아빠 보고 싶어!" 하며 울음을 그치지 않았다. 남편과 나는 밤새도록 책을 읽어주고, 노래를 불러주고, 음식을 주고, 다독이고, 안고 걷고, "엄마랑 아빠는 콘서트를 보고 내일 오실 거야" 하며 찬찬히 설명해주었지만 아무런 효과도 없었다.

나중에서야 아이에게는 우리가 하는 말이 들리지 않았다는 사실을 알게 되었다. 미국 UCLA 의과대학교 정신의학과 임상교수인 다니엘 시겔 박사의 표현을 빌리자면 그 아이는 "뚜껑이 열렸던" 것이다. 시겔 박사는 격렬한 감정이 뇌의 이성적인 사고 능력을 어떻게 차단하는지 '손'을 이용해 이해하기 쉽게 설명한다.

- 뇌의 반응을 손으로 표현하기 위해 우선 한 손을 펼친다.
- 엄지손가락을 손바닥 쪽으로 접는다. 엄지손가락은 대뇌변연계로 감정을 담당한다. 이 영역은 뇌간(손바닥)과 협력해서 몸에 심장 박동이나 혈압 등을 조절하도록 신호를 보낸다.
- 나머지 손가락 네 개로 엄지손가락을 감싼다. 나머지 손가락 네 개는 대뇌피질로, 사고, 추론, 공감, 자각, 통찰, 균형을 담당한다. 손가락 끝은 전전두엽이다. 대뇌변연계를 덮는 뚜껑 역할을 하며 감정을 제어하는 기능을 한다.
- 손가락 네 개를 원래대로 편다. 이것이 전전두엽의 통제에서 벗어난 상태다. 감정이 격해져서 대뇌변연계가 반복적으로 매우 강렬하게 흥분하면 전전두엽의 제어를 무시한다. 논리나 공감이 통하지 않는 뚜껑이 열린 상태에 놓인 것이다.

감정이 격해진 사람에게 무슨 말을 해도 소용이 없는 이유는 이 때문이다. 그날 밤 두 살짜리 친구 아들이 딱 그런 상태였다. 남편도 나도 감정코칭법(아이의 감정을 인정하고 받아주며 올바로 표현하는 법을 가르치는 육아법—옮긴이)에 대한 지식이 있었지만 마음이 조급한 나머지 완전히 잊고 있었다. 우리도 '뚜껑이 열린' 상태였던 것이다.

## 자신의 감정이 격해질 듯한 상태를 인식한다

뇌에서 무슨 일이 벌어지고 있는지 손을 이용해 시각화해보았으니, 이제 감정을 인식하는 연습을 시작하자. '나는 지금 '뚜껑'이 열리기 직전이거나 이미 뚜껑이 열린 상태야. 잠시 쉬면서 머리를 식히자' 하며 자신의 감정 상태를 파악하면 아이의 짜증이나 떼에도 느긋하게 대처할 수 있다.

육아 전문가인 사리나 냇킨은 "부모는 아이를 '지금 당장' 가르쳐야 한다고 생각하는 일이 많습니다"라고 말했다. 하지만 '뚜껑이 열린' 상태의 아이는 아무것도 학습할 수 없다. 따라서 감정이 격앙됐을 때는 다음 두 단계를 밟으며 좀 더 건설적으로 대처해야 한다.

— **1단계:** 감정을 인정해준다. 격렬한 감정에 이름을 붙이고 공감해준다.
— **2단계:** 일어난 문제를 해결한다.

## 43
# 아이의 화난 감정을 길들이려면 이름을 붙여라

아이가 스스로의 감정을 확인하도록 돕는 방법

### 감정을 말로 표현하기

뇌 영상 연구를 통해 격렬한 감정에 이름을 붙여 말로 표현하면 마음이 가라앉는다는 사실이 밝혀졌다. 다니엘 시겔 교수는 "길들이려면 이름을 붙여라"라고 말했다.

앞 장에서 소개한 친구의 두 살짜리 아들을 돌봐주었을 때, 아이가 집에 가고 싶다며 울자 남편과 나는 온갖 수단을 동원했다. 하지만 그 아이를 진정시키려고 했다면 먼저 아이의 감정에 공감해주어야 했다. "엄마랑 아빠가 보고 싶어서 슬프구나? 그래, 네 마음 이해해, 기분이 안 좋을 거야" 하고 말을 건네고는 벽에 걸어둔 친구 부부의 사진을 가리키며 엄마, 아빠가 돌아오는 모습을 상상하게 했어야 했다. "조금만 더 있으면 엄마랑 아빠가 와서 꼭 안아주실 거야. 그럼 기분이 참 좋겠다, 그렇지?"

다음번에 그 아이를 맡았을 때는 엄마와 아빠가 보고 싶다고 울 때 가만히 안아서 흔들거나 등을 토닥여주었다. 아이가 자신의 감정을 말로 설명하지 않기에 내가 대신 다정하게 말해주었다. 그러자 10분도 채 되기 전에 진정을 되찾고 내 품 안에서 잠들었다.

아이의 감정에 이름을 붙여 말로 설명해주면 머지않아 아이도 자기 힘으로 똑같이 할 수 있게 된다. ==자신의 감정에 이름을 붙일 줄 아는 아이는 감정을 되돌아보고 이야기를 나눈 다음 어떻게 대처할지 스스로 결정하며, 다른 사람의 감정을 알아차리고 공감해준다.== 또한 좌절을 잘 견디며 싸움을 일으키는 일이 적다는 사실이 수많은 연구를 통해 입증되었다. 그런 아이는 더 건강하고, 외로움을 덜 느끼고, 충동적으로 행동하는 일이 적으며, 집중력이 높고, 학업 성적도 우수하다.

## 감정을 부정하지 않는다

아이의 감정에 이름을 붙이려면 부모는 두 가지 일을 해야 한다.

- **자기 자신과 다른 사람의 감정을 감지한다**

평소에 자신의 감정에 이름을 붙이는 연습을 하자. '나는 지금 화가 났다', '그때는 좌절했다' 등 감정을 언어로 표현하는 것이다. 단순히 '나는 슬프다'라고 상태를 말하는 것보다는 '나는 내가 슬프다는 사실을 깨달았다'처럼 감정에 거리를 두고 표현하는 것이 감정을 객관적으로 감지하는 데 더 효과적이다.

- **모든 감정을 받아들인다**

앞서 소개한 친구 아들의 사례에서 보통은 "아빠랑 엄마가 돌아오시면 집에 갈 수 있어. 그러니까 지금은 재미있게 놀자", "다 큰 아이가 울면 안 되지", "아빠랑 엄마는 여기 없어. 그러니까 그만 울어!" 하고 반응하기 쉽다. 하지만 이 중 어떤 말도 아이의 감정을 인정해주지 않는다.

감정을 무시하는 습관은 자신의 성장 환경에서 비롯된 것일 수도 있다. 아이에게 자신과 똑같은 성장 환경을 대물림하지 않도록 노력하자. 여러 연구에서 감정을 받아들이고 말로 표현하는 것은 비록 불쾌한 작업일지라도 매우 중요한 과정이라는 사실이 밝혀졌다.

감정이 생겨나는 이유는 뇌가 그 사건에 매우 중요하다는 '태그'를 달았기 때문이다. 감정은 존재한다. 아무리 감추려 하고 비판하고 강요한들 사라지지 않는다.

## 아이가 자신의 감정을 확인하도록 돕는 법

아이가 스스로 자신의 감정을 들여다볼 수 있도록 해보자. 다음과 같은 방법이 도움이 될 것이다.

- 주인공이 자신의 감정에 대처하는 내용을 다룬 책을 함께 읽고, 아이가 주인공과 똑같은 감정을 느꼈던 경험에 관해 이야기를 나눈다.
- 다양한 감정을 나타낸 사진을 모아둔다. 아이의 감정이 격해졌을 때 사진을 보여주면서 "이 아이는 슬픈가 봐. 울고 있네. 우리 ○○도 슬픈 거야?" 하고 말을 건넨다.
- 기분 나쁜 일을 겪은 후에는 인형으로 그 상황을 재현하게 한다.
- 취학 연령의 아이라면 함께 '감정 온도계'를 만들어 눈금에 평온, 행복, 불만, 분노라고 표시하고, 흥분하면 감정이 어떻게 변화하는지 설명해준다. 때때로 아이에게 "지금은 어느 눈금 근처야?" 하고 물어보면 자신의 감정을 스스로 확인하는 데 익숙해진다.
- 몸의 변화를 체크한다. "어깨를 잔뜩 움츠리고 주먹을 쥐고

있네. 뭔가 불만스럽구나?"

## 어릴 때 시작할 것!

자신의 감정을 확인하는 연습은 어릴 때 시작해야 한다. 그 이유는 무엇일까? 자신의 감정을 파악하고 통제하려면 수많은 연습이 축적돼야 하기 때문이다.

 따돌림을 당했을 때, 처음으로 실연당했을 때, 팀에 선발되지 못했을 때, 대학에서 스트레스에 맞닥뜨렸을 때, 회사에서 불만스러운 상황에 대처할 때, 결혼 생활을 꾸려나갈 때 등 아이는 성장하면서 감정이 격해지는 상황을 수없이 맞닥트린다. 이런 상황이 늘어나기 전에 대처법을 연습해두는 편이 바람직하지 않을까?

## 있는 그대로 설명해준다

아이는 어른이 고작 그런 일이라고 생각할 만한 일에도 쉽게 동요한다. 아이가 동요한 상황에서 "별일 아니잖아" 하고 딱 잘라 말하면 아이를 더 흥분시킬 수 있다. 당신 역시 화가 났을 때 상대방이 그렇게 반응한다면 기분이 나쁘지 않겠는가?

아이의 격한 감정을 먼저 인정해주고 아이가 진정되면 다음에 취해야 할 행동을 설명해주자.

"양말을 신기 싫어서 화가 났구나? 그런데 날씨가 제법 추워서 양말을 신어야 해. 엄마가 신겨줬으면 좋겠어?"

"속상하구나? 그래, 먹고 싶은 음식을 못 먹으면 속상하지. 그럼 딸기를 갖고 가서 나중에 간식 시간에 먹자."

부모가 감정에 이름을 붙여주었는데도 아이가 화를 낸다면, 이번에는 사실을 있는 그대로 설명해주면서 함께 해결책을 찾아보자. 감정에 이름을 붙이는 것은 그다음이다.

"초록색 셔츠를 입고 싶구나? 어쩌지, 그 셔츠는 더러운데. 어떻게 하면 좋을지 방법을 세 가지만 같이 생각해볼까? ···. 우리 ○○, 마음이 정말 많이 상했었구나."

## 44

# 아이의 말대답, 거짓말, 사람을 때리거나 싸울 때 통하는 훈육의 기술

**당신의 훈육이 실패할 수밖에 없는 이유**

### 주의보다는 칭찬을

 딸아이가 태어나기 전에는 훈육은 두세 살에 시작하면 된다고 생각했다. 그런데 아니었다. 딸아이는 채 돌도 되기 전부터 내가 하지 말라고 한 일들을 하기 시작했다. 그것도 해맑게 웃으면서.

 처음으로 따끔한 맛을 본 것은 모유 수유를 할 때였다. 새로 난 치아가 얼마나 뾰족한가 시험해보고 싶었는지 내 젖꼭지를 꽉 깨물고 잡아당긴 것이다. 나는 우는 시늉을 하며 "그렇게 하면 엄마가 너무 아파!" 하고 슬픈 목소리로 말했지만 아이는 전혀 공감해주지 않았다. 딸의 어깨를 살짝 깨물어도 봤다. 그러자 비명을 질러대서 오히려 내가 죄책감을 느꼈다. 그다음에는 하지 말아야 할 행동이라는 사실을 깨닫게 하려고 수유를 잠시 멈추고 '영업 중단'도 해보았지만 효과는 없었다.

마침내 나는 제대로 가르치기로 결심했다. 당시 베이비사인을 사용하고 있던 터라 딸은 '부드럽게'라는 의미를 알고 있었다. 손으로 다른 쪽 손등을 쓰다듬는 사인이었다. 또한 "아" 하고 서로 번갈아가며 입을 벌리는 놀이를 했다. 그런 후에 마지못해 젖꼭지를 물리면서 말을 건넸다.

"부드럽게, 알았지? 엄마를 깨물면 안 돼. 다 먹으면 입을 벌려, 이렇게. 아!"

딸이 내 말대로 하면 "입을 벌려줘서 고마워! 부드럽게 잘했어" 하며 입에 침이 마르도록 칭찬했고, 깨물면 수유를 잠시 중단했다. 그러자 효과가 있었다.

## 다른 방법을 찾는다

하지만 이렇듯 잘못된 행동을 저지하는 것만으로는 충분하지 않다. 바람직한 행동으로 아이의 잘못된 행동을 대체해줘야 한다.

딸아이는 20개월이 됐을 때 갑자기 나를 때리기 시작했다. 나는 배신감과 기막힘에 곧바로 손목을 붙들고는 "때리면 안 돼!" 하고 꾸짖었다. 그러자 또 때렸다.

하지만 "사람을 때리면 안 돼. 베개는 때려도 되지만 사람은 때리는 거 아니야" 하고 차근차근 일러주거나 팔을 쓰다듬으면서 "손은 부드럽게 만지라고 있는 거야" 하고 조곤조곤 타이르자 그제야 아이는 내 말에 따랐다.

내 팔을 쓰다듬어줄 때면 "어머, 고마워!" 하고 반응한 다음 "엄마는 마사지를 정말 좋아해!" 하고 덧붙였다.

## '벌주기'는 효과가 없다!

훈육을 하는 이유는 해도 되는 행동과 하지 말아야 할 행동을 가르치기 위해서다. 옛날에는 벌주기가 가장 효과적인 방법이라고 여겼다. 부모가 소리를 지르거나 설교하거나 때리거나 명령하거나 겁을 주면 아이가 부모 말을 들었기 때문이다. 일시적으로는 말이다.

벌을 줘서 말을 듣게 하면, 격한 감정을 자제력 없이 처리하는 법, 무례하게 의사를 전달하는 법, 물리적인 힘으로 문제를 해결하는 법의 '본보기'를 보이는 꼴이 된다. 부모라면 누구나 아이가 그와 정반대되는 행동, 이를테면 충동을 조절하는 법, 타인을 존중하는 법, 남에게 상처주지 않고 문제를 해결하는 법을 가르치고 싶을 것이다.

민주형 부모는 신속하면서도 단호하고 침착하게 잘못된 행동이 초래하는 결과를 알려준다. ==문제가 일어났을 때를 벌줄 기회로 여기기보다는 문제를 해결하는 법을 가르칠 기회로 받아들인다.== 이런 관점에서 훈육하면 아이는 다음과 같이 성장할 것이다.

- 성공적인 삶에 꼭 필요한 의사소통 능력, 자제력, 문제 해결 능력을 학습한다.
- 감정은 조절할 수 없어도, 행동은 조절할 수 있음을 이해한다.
- 권력 다툼을 피하게 된다.

## '관계없는 벌'은 주지 말아야 한다

규칙을 어겼을 때 훈육하는 방법에는 '처벌'과 '결과'라는 게 있다. 그러나 과연 이 둘 사이의 차이가 무엇인지 구별할 수 있을까? 나도 정확히 이해하기까지 조금 시간이 걸렸다.

'처벌'은 권력을 행사해서 창피나 고통을 주는 방법이다. 예를 들어 "동생을 때렸으니 디저트를 빼앗을 꺼야"와 같은 것이다. 처벌은 잘못된 행동과 직접적인 관련이 없는 경우가 많다. 처벌은 아이는 벌을 두려워해야 올바르게 행동하며 말을 잘 들을 때만 존중해줘야 한다는 생각이 밑바탕에 깔려 있는 개념이다.

'결과'는 아이를 존중하면서 자제력을 키우거나 규칙을 이해하도록 돕는 데 중점을 둔 방법이다. "디저트 스푼을 동생에게 던졌으니 디저트를 빼앗을 거야"처럼 잘못된 행동과 직접적인 관련이 있다. 아이는 반성과 훈련을 거치면서 성장한다는 신념이 개념의 밑바탕에 깔려 있다.

다음 중 어떤 것이 처벌, 어떤 것이 결과일까?

"장난감을 던지면 안 돼! 네가 한 짓을 봐봐! 방에 가서 반성해. 엄마가 나오라고 할 때까지 나오지 마."

"장난감을 던지면 망가져. 또 장난감을 던지면 못 갖고 놀게 할 거야. 이 장난감을 던졌으니까 앞으로 15분 동안은 갖고 놀 수 없어."

전자가 처벌, 후자가 결과다. 수많은 연구에 따르면 처벌은 훈육 효과가 낮다. 왜냐하면 창피를 당한 사람은 자기 잘못을 책임지지 않으려는 경향이 강해지고 모욕감은 분노로 이어지기 쉽기 때문이다. 또 잘못된 행동과 관련이 없는 처벌은 아이의 도덕관 발달에 전혀 효과가 없다.

## 아이가 순순히 규칙을 따르지 않는 이유는?

아이는 어떤 시점이 되면 사람을 때리거나 밀치거나 장난감을 빼앗으면 안 된다는 사실을 깨닫는다. 그러나 부모가 물어보면 잘못된 행동이라고 답하면서도 순간적으로 그렇게 행동하는 이유는 지식이 아직 몸에 배지 않았기 때문이다. 지식이 습관이 되려면 반복이 필요하다.

지식은 반복적인 행동을 통해 논리적 사고를 담당하는 뇌의 영역에서 반사적 행동을 담당하는 영역으로 이동한다. 아이는 행동을 반복해야 익숙해진다. 따라서 "몇 번을 말해야 알아듣겠니?"와 같은 잔소리는 효과가 낮다. 설교를 늘어놓기보다는 새로운 기술을 훈련하도록 도와주자. 바람직한 행동의 시범을 보이거나 지원과 조언을 해주는 것이다. 이러한 방식을 '비계 설정 scaffolding(아이가 스스로 문제를 해결하게 되기까지 부모나 교사가 수준에 맞춰 돕는 수준을 조절하는 것―옮긴이)'이라고 부른다. 예컨대 한 초등학교에서는 남의 말을 듣는 시간에는 귀를 그리게 하고 자신이 말해야 하는 시간에는 입을 그리게 한다.

약간의 공감과 많은 인내는 반드시 도움이 된다는 걸 기억하자.

## 선택돌림판을 그려본다

아이가 화가 나서 감정을 있는 그대로 표출할 때는 '감정은 선택할 수 없지만, 행동은 선택할 수 있다'는 점을 이해하도록 도와주자.

제인 넬슨 등이 지은 《학급긍정훈육법》이라는 책에는 '선택 돌림판 wheel of choice'라는 것이 등장한다. 인터넷에 검색해보면 쉽게 이미지를 찾을 수 있다. 그 이미지처럼 원을 여러 개로 구분하고 그림을 넣어 완성해보자.

원 안에는 예를 들면, '상대에게 그만하라고 말한다', '10까지 센다', '자신의 기분을 상대에게 이야기한다', '그 자리를 떠난다', '베개를 친다', '가족회의 때 논의한다', '사과한다' 등을 적어넣는다. 그리고 아이가 흥분했을 때 원에 있는 방법 중에 하나를 선택하게 한다.

## 나쁜 행동에 대한 현명한 대처법

### • 아이가 사람을 때릴 때는?

아이의 눈높이에 맞춰 몸을 낮추고 눈을 마주보며 단호하면서도 다정한 목소리로 "사람을 때리면 안 돼. 왜냐하면 그 사람이 상처를 입으니까" 하고 말한다. 이때 장황하게 설교를 늘어놓지 않는다.

"지금 친구 기분이 어떨 것 같아?" 하고 묻는다. 대답하지 않는다면 아이가 때린 친구에게 직접 물어보거나 당신이 본 상황을 자세히 묘사해준다.

나쁜 행동을 좋은 행동으로 바꿔서 설명해준다.

"남을 때리면 안 되지만 대신 말로 화를 내는 것은 해도 괜찮아."

"엄마는 네가 때려서 기분이 몹시 나빴어. 네가 화났다는 사실을 엄마한테 전달할 수 있는 다른 방법은 없을까? 같이 생각해보자."

나쁜 행동을 했을 때의 규칙을 상기시킨다.

"한 번만 더 사람을 때리면 당장 집에 갈 거야."

한 번 더 친구를 때리면 곧바로 그 자리에서 떠난다. 아이가 마구 악을 써도 최대한 침착하게 행동한다.

"좋아. 더 이상 누구도 다치면 안 되니까 당장 집으로 가자."

아이가 안정을 되찾으면 '친구를 때리면 바로 그 자리를 떠나 집으로 돌아간다'는 규칙을 다시 상기시키거나 그런 규칙이 없다면 아이와 함께 정하고 아이에게 충분히 인지시킨다. 친구를 때린 이유가 무엇인지 파악하고 다른 방법으로 자신의 기분을 전달할 만한 방법을 함께 생각해본다.

### • 아이가 말대답할 때는?

매몰차지 않은 어조로 의연하게 부모의 생각을 이야기한 다음 자리를 뜬다.

— "엄마는 그런 말투가 싫어. 가족끼리는 서로 다정하게 표현했으면 좋겠어."

— "엄마는 그런 식으로 불리고 싶지 않아. 화를 내는 건 상관없지만 엄마 이름을 함부로 부르지는 마."

— "네가 계속 심한 말을 해서 기분이 상했으니까 이 게임은 그만하자. 엄마는 다른 일을 하러 갈게."

— "엄마한테 무례하게 굴지 마. 엄마는 너한테 그런 식으로 말하지 않잖아."

• **형제끼리 다툴 때는?**

한 엄마는 형제를 마주보고 서게 한 다음 팔을 교차시킨 상태로 손을 맞잡고 앉았다 일어나기를 하면서 "나는 너 때문에 힘들어. 너는 나 때문에 힘들어" 하고 외치게 하면, 아이들이 웃음을 터트리며 부둥켜안는다고 한다. 참 멋진 방법이지 않은가?

앞에서 소개한 '선택돌림판'을 응용하는 방법도 좋다.

• **아이가 거짓말할 때는?**

사실 거짓말은 아이가 '마음 이론', 즉 다른 사람의 감정과 의도를 이해하는 능력이 문제없이 잘 발달하고 있다는 신호다. 아이들은 두 살 무렵에 이 단계에 접어드는데 이 시기에는 상상력도 아주 풍부해진다. 사실과 허구를 뚜렷하게 구분하지 못해서 거짓말을 통해 현실과 환상의 경계를 시험한다. 아이들은 자기가 진실이라고 믿고 싶은 것을 이야기하며 당신 눈에 보이는 것과 정반대되는 주장을 한다. 이 시기에 하는 빤한 거짓말을 꾸지람으로 대처하면 아무런 효과가 없으므로 다음과 같이 객관적으로 반응해야 한다.

- "나는 거실에서 크랜베리 주스를 마시고 있지 않아." / "엄마 눈에는 네가 거실에서 마시는 게 보이는데? 부엌에 가서 마셔."
- "하늘은 내가 만들었어." / "음, 하늘이 참 예쁘다, 그렇지? 엄마는 저런 파란색이 참 좋더라."
- "호랑이가 쏟았어." / "그럼 호랑이가 얼룩을 닦도록 도와주렴."
- "동생이 그랬어!" / "동생이 그랬기를 바라는 마음은 알겠지만 네가 그러는 걸 봤어. 이 꽃을 다시 화분에 심어야 하는데, 엄마 좀 도와주겠니?"

아이들은 네 살이 되면 사실과 거짓의 차이를 구분한다. 그리고 두 시간에 한 번꼴로 마구 거짓말을 해댄다. 아이들은 혼나지 않으려고, 죄책감이나 수치심을 느끼지 않으려고, 원하는 것을 얻으려고, 관계를 유지하려고 거짓말을 한다. 어른들이 거짓말 하는 이유와 다르지 않다.

제인 넬슨은 《우리 아이 인성교육을 위한 긍정훈육법》에서 거짓말에 대응하는 방법을 다음과 같이 설명한다.

- 아이가 거짓을 말하면 조곤조곤 일러준다.
  "그건 거짓말이야. 우리 집에서는 거짓말하지 않아."
- 아이가 진실을 말하면 칭찬한다.
  "솔직히 말하기 힘들었지? 엄마는 네가 결과를 받아들이는 모습에 감탄했어."

옛날이야기도 도움이 된다. 한 연구에 따르면 부모가 아이에게 솔직히 털어놓으라고 요구하기 전에 '조지 워싱턴과 벚나무 이야기(미국 초대 대통령인 조지 워싱턴이 어린 시절 아버지가 아끼던 벚나무를 실수로 자른 후에 솔직하게 고백한 일화—옮긴이)'를 들려주면 진실을 말할 가능성이 더 커진다. 반면에 《양치기 소년》을 읽어주면 거짓말이 조금 더 늘어난다.
하지만 무엇보다도 아이를 몰아세우지 않는 게 가장 중요하다. 단순히 질문하기보다는 상황을 자세히 설명해주자.
그다음에는 논리적인 결과로 이동한다. 예컨대 망가뜨린 것을 함께 고치게 하거나 친구에게 장난감을 갖고 왔다고 고백한 후 사과하게 한다.

## 아이의 거짓말에 대응하는 방식

| 질문 | 상황 설명 |
|---|---|
| "누가 그림을 엉망으로 만들었어?" | "그림에 소스가 튀었네. 엄마한테 어떻게 된 일인지 설명해줄래?" |
| "네가 친구 장난감을 훔쳤니?" | "네가 친구 장난감을 갖고 있구나. 돌려주러 가자." |
| "왜 엄마한테 수납장 문을 망가뜨렸다고 말하지 않았어?" | "엄마는 네가 수납장 문을 망가뜨리는 걸 봤어. 무언가를 망가뜨렸을 때는 엄마한테 말해주겠니? 그래야 엄마가 고칠 수 있잖아." |
| "방 청소(숙제)는 다 했어?" | "엄마는 네가 방 청소(숙제)를 안 했다는 걸 알아. 그럼 너는 지금부터 뭘 해야 할까?" |

## 45

## 이성을 잃지 않고 논리적으로
## 훈육하는 세 가지 방법

**아이의 선택을 통해 학습하게 한다**

### 무작정 낸 화는 부모에게 되돌아온다

"지금 당장 차를 돌려서 집으로 돌아갈 거야!"

"그만해. 1주일 동안 TV 금지야!"

"친구 생일파티에 못 가도 좋아?"

아이의 잘못된 행동에 이런 식으로 다짜고짜 으름장을 놓으면 그 뒷감당은 고스란히 부모 몫으로 되돌아오지 않을까? 오후 내내 잔뜩 뿔이 난 아이를 달래느라 잡지를 볼 여유 같은 건 아예 사라질지도 모른다. 실제로는 으름장만 놓았을 뿐 실행할 생각이 없었다고 해도 이미 내뱉은 말을 주워 담을 수도 없는 노릇이다.

다음의 두 가지 조언을 참고하여 아이의 잘못된 행동에 좀 더 신중하게 대응해보자.

## 논리적 결과를 통해 학습하게 한다

잘못된 행동과 직접 관련이 있는 논리적 결과를 바탕으로 훈육해보자. 예를 들어 아이가 장난감을 던지면, 벌로 내일 하기로 한 놀이를 취소하는 게 아니라 15분 동안 그 장난감을 압수한다. 또한 아이가 저녁을 먹는 내내 의자를 흔들면, 빨리 잠자리에 들게 하는 게 아니라 의자를 빼앗아 선 채로 밥을 먹게 한다. **아이는 비논리적인 결과가 아니라 논리적인 결과를 통해 학습한다.** 논리적인 훈육에는 세 가지 방법이 있는데 각각 효과를 발휘하는 상황이 다르다.

### • 망가트린 사람이 복구한다

아이가 의도했든 아니든 무언가를 망가뜨리거나 어지럽혔을 때는 아이가 직접 해결하게 한다. 엎지른 물을 닦는다든지, 쓰러진 탑을 다시 만드는 친구를 돕는다든지, 다쳐서 아파하는 친구를 위로한다든지 등 아이가 직접 해결할 수 있는 일이면 스스로 해결하게 한다.

- **특권을 빼앗는다**

규칙을 잊어버리거나 무시했을 때는 잘못된 행동과 직접 관련이 있는 특권 하나를 빼앗는다. 예를 들어 아이가 방을 일부만 정리하면 안 치운 장난감을 전부 압수하고 하루 동안 못 쓰게 한다. 또 책에 낙서하면 크레용을 빼앗는다.

- **일단 진정시킨다**

아이가 흥분해서 자제력을 되찾아야 할 때는 '왜 "네 방에 가서 반성해!"로는 효과가 없을까?'(261쪽)의 내용을 참조하면서 구체적인 방법을 정한다.

## 행동의 결과를 통해 아이가 학습하게 한다

'자연적 결과'란 부모가 아무런 제재를 가하지 않아도 아이의 선택으로 인해 자연스럽게 따르는 결과를 가리킨다. 예를 들면 비가 내리기 시작해서 부모가 책가방을 안에 들여놓으라고 말했지만 밖에 그냥 내버려둔 바람에 숙제가 다 젖어버렸다든지, 친구를 때렸더니 그 아이가 더 이상 같이 놀아주지 않는다든지, 레스토랑에서 소란을 피워 가족이 모두 창피를 당했고 주위 사람들이 험악한 눈초리로 쏘아보았다든지 등이 여기에 해당한다.

==자연적 결과로 교훈을 얻게 하려면 부모가 개입하지 말아야 한다.== "그러게 엄마가 뭐랬니?" 하고 설교하거나, 깜빡하고 또 도시락을 놓고 갔다고 해서 가져다주어서는 안 된다. 그 대신 "너라면 잘 해낼 수 있을 거야", "배가 많이 고팠겠구나" 하며 공감하고 격려해준다.

다만 다음과 같은 상황에서는 자연적 결과를 통한 학습이 그리 좋은 선택이 아니다.

- **아이가 결과를 신경 쓰지 않는 경우**: 장갑을 끼기 싫어하지만 손이 차가워져도 개의치 않는다.
- **결과가 나오기까지 오랜 시간이 걸리는 경우**: 칫솔질을 하지 않으면 충치가 생긴다.
- **아이나 다른 사람의 안전과 상관이 있는 경우**: 다른 아이가 타고 있는 그네 앞을 지나가는 것처럼 크게 다칠 위험이 있는 행동에는 적합하지 않다.

## 46

# 아이의 버릇없는 행동에
# 신속하게 대처하는 부모의 자세

### 잘못된 행동은 초기에 잡는다

## 초기에 단호하게 대응한다

잘못된 행동은 더 악화되기 전에 신속하게 대처하면 초기에 싹을 자를 수 있다. 예를 들면 다음과 같이 조처하자.

- 사소한 장난은 무시한다. 반응을 보이지도 눈을 맞추지도 않는다.
- 엄격한 표정을 짓는다.
- 손가락을 입에 대며 "쉿!" 하는 등의 몸짓을 보인다.
- 위엄 있는 어조로 아이의 이름을 부른다.
- 아이에게 바싹 다가가 당신이 지켜보고 있음을 넌지시 알린다.

― 규칙을 상기시킨다. "지금은 뭘 하면 안 되더라?", "물감을 쓸 때는 어떻게 하기로 약속했지?"

## 아이에게 선택지를 준다

아이가 문제 행동을 하는 데는 여러 이유가 있다. 아이의 문제 행동을 발견했다면, 그 이전과 이후 상황을 잘 파악해서 그에 맞는 해결책을 찾아야 한다.

- **문제를 일으키지 않을 환경을 조성한다**

아이는 피곤하거나 배고프거나 기분이 안 좋을 때 버릇없이 군다. 잠과 운동이 충분한지 확인하자. 외출할 때는 간식을 꼭 챙기고, 낮잠 시간 직전에는 외출하지 않는다. 엄마가 스트레스 해소를 위한 여유로운 쇼핑을 즐기고 싶을 때는 아이가 자유로이 뛰어다닐 수 있는 장소에서 휴식 시간을 갖는 계획을 포함한다. 또 순조롭게 그 장소를 떠날 수 있는 방안을 마련해둔다. 예컨대 장난감을 정리하고 자리를 옮겨야 할 때는 "장난감아, 잘 있어" 하고 말한다.

- **미소, 포옹, 선택권을 준다**

우리가 일일이 간섭받고 싶지 않듯 아이도 자기 행동을 직접 선택하고 싶어 한다. 그러면서 동시에 부모의 관심도 받고 싶어 한다.

긍정적인 방식으로 관심과 선택권을 주면 부정적인 방식으로 관심을 끌려는 시도가 줄어든다. 매일 한 번씩 아이만을 위한 시간을 만들자. 윙크와 미소와 포옹으로 긍정적인 관심을 듬뿍 주고 좋은 행동을 하면 칭찬해주자. 또한 어떤 셔츠를 입을지, 어떤 컵을 쓸지, 어떤 그림책을 읽을지 등 일상의 작은 선택은 아이에게 맡기자. 선택할 일이 없을 때는 만들어준다. "혼자서 신발 신을래, 아니면 엄마가 도와줄까?"

- **앞으로의 계획을 아이에게 설명한다**

아이에게 이제부터 무엇을 할지 설명하는 방식은 아이가 다음 행동을 예상하고 준비할 수 있는 시간을 주기 때문에 대단히 효과적이다.

"지금부터 변기에 앉을 거야. 그런 다음 블록을 갖고 놀자. 변기가 먼저, 블록은 그다음이야."

"이게 자기 전에 마지막으로 읽을 책이야. 다 읽으면 엄마는 잘 자라고 말하고 방에서 나갈 거야. 자, 다 읽었다. 그럼 엄마는 방에서 나가서 문을 닫을게. 잘 자, 우리 예쁜 ○○아."

- **'안 돼!' 대신 '그래!'라고 대답한다**

"그래, 해 봐. 재미있겠다."
"그래, 좋아. 우리 같이 해보자."
"그래, 이거 다 하면 그걸 하자."
"물론 해도 되고말고. 내일 할까?"

- **먼저 작전을 짜둔다**

아이가 느닷없이 잘못된 행동을 하면 이상적으로 대처하지 못하는 경우도 생기게 마련이다. 그럴 때는 우선 마음을 진정시키고 다음번에는 올바르게 반응할 수 있도록 미리 작전을 세워두자. 계획대로 되지 않더라도 조급해할 필요는 없다. 연습할 기회는 얼마든지 있으니까.

- **부모도 잠시 시간을 갖는다**

부모가 흥분한 상태라면 침착하게 대처할 수 있을 때까지 크게 심호흡하며 그 상황으로부터 잠시 거리를 두자.

- **남은 내 뜻대로 움직이지 않는다는 사실을 마음에 새긴다**

'남의 행동은 제어할 수 없다'는 사실을 뇌리에 새겨두면 짜증이 줄어든다. 갓난아이는 얌전하고 사랑스럽다 보니 아이가 "싫어! 필요 없어!" 하고 대들기 시작하면 부모는 당황스럽기 그지없다.

아이는 원래 부모가 원하는 대로 행동하지 않는다. 부모가 부탁한다고 해서 그대로 따르지도 않는다. 그러니 아이에게 모자를 씌우지 못하더라도, 변기에 앉히지 못하더라도, 저녁을 좀 더 먹이지 못하더라도 예민해지지 말자.

==부모가 할 수 있는 일은 해달라고 부탁하는 것과 따르지 않으면 어떻게 되는지 설명해주는 것뿐==이다.

- "쿵쿵 소리를 내면 아래층 사람한테 피해가 가. 장난감으로 바닥을 치지 마. 계속 그러면 장난감을 빼앗을 거야."
- "셋 셀 동안 테이블에서 내려와. 안 그러면 엄마가 안아서 내릴 거야."
- "변기에 앉히는 건 이번이 마지막이야. 한 번만 더 일어나면 기저귀를 채울 거야."

### • 멀리 본다

아이에게 딱 한 번만 가르쳐도 다 깨친다면 얼마나 좋을까! 하지만 실망하지 말자. 우리에게는 아이를 가르칠 시간이 적어도 20년은 있다. 뇌는 심지어 스무 살이 지나서도 계속 성장한다. 그러니 아이가 방 청소를 열 번쯤 하지 않더라도 "오늘은 엄마나 너나 피곤하니까 내일 같이 방을 깔끔하게 유지할 수 있는 아이디어를 생각해보자" 하고 말해도 괜찮다.

## 가만히 앉아서 저녁을 먹게 하려면

어느 날부턴가 딸아이가 갑자기 식사 때 자기 의자에 앉기 싫어했다. 남편이나 내 무릎에 앉아서 한 입 먹고는 돌아다니며 놀고 싶어 했다. 우리 부부는 식사 시간 내내 숟가락을 들고 딸의 뒤를 졸졸 쫓아다니며 밥을 먹이는 처지가 되었다.

우리는 한 발짝 물러나 계획을 세웠다. 딸을 의자에 앉히기 전에 먼저 앉아서 밥을 먹기로 한 것이다. 딸이 가까이 다가와 무릎에 앉으려고 하면 넌지시 말했다.

"밥을 먹을 때 엄마는 엄마 의자에 앉고 아빠는 아빠 의자에 앉잖아. 너도 네 의자에 앉아야지."

딸이 못마땅해 해도 이 말만 반복하고 다시 밥을 먹었다. 그러자 머지않아 딸아이는 자기 의자에 올라가 앉았다.

1~2주 정도 같은 일을 되풀이했더니 딸은 얌전히 자기 의자에 앉게 되었다. 그리고 놀랍게도 몇 주 후의 어느 날, 딸아이는 부엌에서 자기 접시를 받아다가 식탁에 놓고는 직접 자기 의자를 갖고 와서 올라가더니 안전띠를 채우고 "저녁 먹을 시간이야" 하고 말했다. 우리가 식탁에 앉기도 전에 말이다.

## 47
## 독립심과 자제력을 키우는 규칙적인 일과의 힘

'체크리스트'로 소리치지 않는 평화로운 아침 시간을!

### 정해진 시간에 정해진 일을 한다

남편은 매일 아침 같은 시간에 일어나 조깅용 유모차를 밀며 같은 길을 달리고, 딸에게 아침으로 오트밀을 먹인 다음 점심때 먹을 햄 샌드위치를 만든다. 반면 나는 생활이 매우 들쑥날쑥하다. 밤 10시에 잘 때도 있고 새벽 2시에 잘 때도 있으며 프로젝트를 마무리하느라 점심을 거를 때도 있다.

하지만 아이의 일과는 규칙적이어야 하므로 정해진 시간에 밥을 먹이고 낮잠을 재우려고 최선을 다해 노력한다. 매주 같은 요일에 베이비시터가 오고 매일 비슷한 시간에 잠자리에 들게 한다.

연구 결과를 보더라도 이런 방식이 옳다는 사실을 알 수 있다. 규칙적인 일과는 아이에게 이런 점에서 이롭다.

— 미래를 계획하고 예측할 수 있으며 실행 기능이 발달한다.
— 반복해서 연습한 후에는 스스로 할 수 있게 되면서 독립심이 생긴다.
— 자제력을 키우는 연습이 된다.

아이에게 일과란 정해진 시간에 식사, 낮잠, 취침을 반복하는 것이다. 세 살 이후에는 아이가 스스로 만든 일과를 따르도록 도와주자. 처음에는 체크리스트 만들기를 추천한다.

## '아침 체크리스트' 만들기

아이와 함께 유치원이나 학교에 가기 전에 해야 할 일을 쓴 '아침 체크리스트'를 만들자. 글을 써넣든 그림을 그려넣든 상관없다.

항목은 최대 일곱 개를 넘기지 않는다. 세 살이라면 화장실 가기, 아침 먹기, 옷 갈아입기 등 두세 개가 적당하고 다섯 살이라면 옷 갈아입기, 침대 정리하기, 아침 먹기, 칫솔질하기, 코트 입기, 신발 신기 등 항목이 조금 더 많아도 좋다.

==체크리스트를 만들어두면 아이가 아침 일과를 끝마치기 전 딴 짓을 할 때 "리스트에 있는 일 다 했어?" 하고 묻기만 해도 된다.== "칫솔질은? 10분 전에도 얘기했잖아, 칫솔질하라고! 신발은 어디 있어?" 하고 소리 지르는 대신에 "이제 뭘 해야 하지? 리스트 확인해봐" 하고 말하면 그만인 것이다.

"유치원에 가기 전에는 뭘 해야 할까? 뭐가 필요할까?" 하고 질문해서 아이가 해야 할 일이나 가지고 가야 할 물건의 이름을 대답하도록 유도하는 방법도 좋다.

2~3주 정도만 연습하면 아이는 스스로 리스트를 확인한다. 이로써 부모는 한층 평화로운 아침 시간을 보낼 수 있다.

## 48

## 왜 "네 방에 가서 반성해!"로는 효과가 없을까?

소리치지 않고 상처주지 않고 아이를 변화시키는 훈육법

### 흥분한 상태에서는 교육 효과가 제로!

대부분의 부모는 아이가 잘못된 행동을 하면 으름장을 놓고 잔소리를 하고 윽박지르다가 결국에는 아이를 방에 들여보낸다. 똑같은 반복을 수차례 하다가 방 안에서 즐겁다는 듯 아이의 노는 소리가 들리면 "조용히 해!" 하고 고함을 지르고, 울음을 터트리면 안절부절못하다가 아이에게 잘못했다고 말하게 한 다음 한 번 더 설교하는 정도로 마무리를 짓는다. 다른 말로 표현하자면 지나치게 많은 관심을 기울이는 것이다.

꾸지람으로 효과를 보려면 아이의 잘못된 행동에 일시적으로 관심을 끊어야 한다. 부모가 먼저 이렇게 운을 띄우자.

- "엄마는 머리를 식혀야겠어. 방에 가서 책 좀 읽고 올게."
- "잠시 마음을 가라앉힐까? 엄마는 심호흡을 할게."
- "우리 둘 다 진정을 되찾은 다음에 다시 이야기하자."

마음을 가라앉히는 시간을 가지면 파괴적이거나 반항적인 행동을 멈추게 하는 데 효과가 있다. 다만 벌을 주는 용도로 쓰지는 말자. 아이와 부모가 잠시 행동을 멈추고 자제력을 회복하는 데 목적을 둬야 한다.

## 이성을 잃기 전에 미리 준비해두어야 할 사항

### • 아이를 진정시킬 방법을 생각해둔다
아이의 마음을 가라앉히려면 어떻게 해야 할까? 감정이 격해진 상태에서 반성은 절대 불가능하다. 그보다는 평소 아이가 차분한 상태를 유지했던 활동을 하게 하자.

### • 아이와 함께 아이디어를 낸다
심호흡하기(두 살 반~세 살 무렵부터 가능), 베개 때리기, 제자리에서 점프하기, 찰흙놀이 하기, 껴안기, 책 읽기, 잔잔한 음악 듣기, 그림 그리기, 스트레칭하기, 빙글빙글 돌기, 윗몸 일으키기나 앉았다 일어나기 같은 운동하기, 창밖 바라보기 등 효과적인 기분 전환법을 아이와 함께 생각해보자.

### • 선택돌림판을 만든다
원을 여러 칸으로 나누고 칸칸이 그림이나 사진을 붙인다. 육아 전문가인 사리나 냇킨은 아이와 가상 놀이를 하면서 각 칸의 의미를 이해하도록 도와주라고 말한다. 부모가 화난 시늉을 하며 선택돌림판으로 다가가 선택한 칸에 있는 그림이나 사진대로 행동하면 아이는 재미있어 하며 따라한다.

### • 마음을 가라앉힐 장소를 정한다
아이가 직접 선택한 장소라면 집 안의 구석진 공간이든 아이 방의 모퉁이든 상관없다. 아이가 정한 장소는 마음을 가라앉힐 필요가 없을 때도 가고 싶어질 만큼 아늑한 공간으로 꾸며주자.

## 효과적으로 꾸짖는 데는 요령이 있다

### • 대화는 짧으면서도 다정하게
윽박지르거나 비난하지 말고 담담한 어조로 "자, 마음을 가라앉힐 시간이야" 하고 말한다.

아이를 방에 들여보낼 필요는 없다. **포인트는 아이를 꾸짖는 게 아니라 잘못된 행동을 깨닫게 하는 데 있다.**

"진정될 때까지 엄마 옆에 앉아 있을래?", "네가 머리를 식히는 공간으로 갈래, 아니면 엄마가 갈까?" 하고 선택하게 해도 좋다.

아이가 어떻게 하고 싶은지 결정하지 않는다면 "엄마는 머리를 식히는 공간으로 갈게" 하고 말한다. 그리고 "엄마는 널 사랑해. 하지만 지금은 사랑한다고 말해주기도 힘들 정도로 화가 난 상태야" 하고 덧붙여도 좋다.

상황에 따라서는 아무 말도 하지 말아야 한다. 아이에게 "계속 칭얼대면 무시할 거야" 하고 미리 경고했다면 아무리 칭얼거려도 반응하지 말자. "뒷좌석에서 싸우면 차를 세울 거야" 하고 미리 말해두었다면 아무 말 없이 차를 세우자. 잘못된 행동을 중단하면, 정말로 멈췄는지 30초 정도 기다린 다음 대화를 재개한다.

- **부모가 먼저 마음을 가라앉히는 기술을 익힌다**

부모가 마음을 진정시킬 수 있게 되면 세 가지 좋은 점이 있다. 첫째, 아이가 마음을 가라앉힐 때 본보기로 삼을 수 있다. 둘째, 부모 스스로 냉정을 되찾을 수 있다. 셋째, 아이의 잘못된 행동에만 마음이 쏠리지 않게 된다.

심호흡을 하거나, 너무 흥분해서 집중할 수 없더라도 책이나 스마트폰을 들고 앉거나 아이의 선택돌림판에서 하나를 선택하는 방법 등을 써보자.

　이러한 방법들은 상황에 따라 부모나 아이가 각자 해도 좋고, 함께 해도 좋다.

- **복습한다**

부모와 아이가 모두 마음을 가라앉힌 후나 저녁식사 시간에 아이와 함께 잘못된 행동과 바람직한 행동에 대해 대화를 나눈다. 꼬투리 잡는 듯한 말투는 피하고 "그때는 왜 그랬어?", "다음에는 어떻게 행동할 거야?", "올바르게 행동하려면 어떻게 해야 하지?" 하고 질문한다.

## 벌은 답이 아니다

아이의 감정이 격해져서 '뚜껑'이 열렸을 때는 우선 자제력을 되찾아야 한다. 벌로 방에 혼자 들어가 있으라고 해봤자 마음을 가라앉히는 방법은 배울 수 없다.

　방에 들어가 있으라는 벌을 주면 아이는 주로 수치심이나 두려움을 느껴서 밖으로 나오려고 하고, 아이의 그런 행동은 부모의 분노를 더욱 치솟게 한다. 방에서 나오지 않고 얌전히 있다고 해도 진정하는 방법을 학습하는 게 아니라 분노를 이글이글 불

태우면서 앉아 있을 뿐이다. 이 방법을 쓰면 아이는 점차 부모의 명령에 순응한다는 사실이 여러 연구에서 입증되었지만, 처벌이 두려워서 따르는 것은 민주형 부모가 지향하는 바는 아니다.

==마음을 가라앉히는 시간을 스스로 가지면 격렬한 감정을 다스리는 연습을 할 수 있다.== 마음을 진정시키는 방법도 학습할 수 있다. 흥분했을 때 잠시 시간을 갖는 것은 나쁜 일이 아니라 좋은 일이라고 가르쳐주는 것이다.

# 49

## "안 돼!"가 아니라
## "더 좋은 방법은 없을까?"라고 묻는다

아이의 자존감을 짓밟는 말투는 피하자

### 아이가 아니라 아이의 방법을 지적한다

칭찬을 잘하는 부모는 아이의 재능이 아니라 노력을 칭찬한다. 비판 역시 마찬가지다.

유치원생을 대상으로 한 연구에서 아이들에게 '선생님이 레고를 이용해 집을 만들라고 했는데 깜빡하고 창문을 만들지 않았다'는 시나리오를 주고 인형을 이용해 가상 놀이를 하게 했다.(아이들은 시나리오에 쉽게 자신을 투영하므로 연구자들은 종종 이런 접근법을 사용한다.)

선생님은 인형을 통해 "집에 창문이 없네?" 하고 말한 다음 세 가지 방식으로 비판했다.

- 개인을 비판한다: "너한테 실망했어."
- 결과를 비판한다: "이렇게 만들면 안 돼. 블록이 똑바르지 않고 울퉁불퉁하잖아."
- 과정을 비판한다: "다른 방법으로 만드는 게 나았겠구나."

컬럼비아 대학교의 멜리사 카민스와 캐롤 드웩이 이끄는 연구팀은 이 실험이 끝난 후에 유치원생들의 자아 존중감을 검사했다. 어떤 결과가 나왔을까?

## 상처주지 않고 비판하기

개인을 비판받은 아이는 자존감이 떨어지고 부정적인 감정이 강해졌으며 인내력이 낮아졌다. 또한 이 일 하나가 자기 인격의 전체를 반영한다고 생각하는 경향도 높았다. 과정을 비판받은 아이는 모든 면에서 월등하게 긍정적인 경향을 나타냈고, 결과를 비판받은 아이는 중간 정도의 경향을 보였다.

아이들에게 가상 놀이를 이어가게 한 후 '앞으로 어떻게 될까?'라고 질문하자, 개인을 비판받은 아이에게서는 '울면서 침대로 간다', '선생님께 혼나서 집으로 간다', '방에 들어가 반성한다'와 같은 가슴 아픈 대답이 돌아왔다.

한편 과정을 비판받은 아이는 '시간을 주면 더 잘 만들 수 있다', '블록을 부수고 다시 만들어서 창문을 단다', '아직 완성되지 않았다고 말하고 종이를 네모나게 오려서 집에 붙인다'고 대답했다.

**최강의 육아 플러스**

**개인이 아니라 과정을 비판하는 표현법**

"지금 어떤 문제가 생긴 것 같아?"
"다음번에 다르게 하려면 어떻게 해야 할까?"
"더 좋은 방법을 생각해볼래?"

7장

# 몸과 마음이 튼튼해지는 운동 습관

# 50

## 이리저리 흔들흔들, 균형감각을 자극하면 뇌가 발달한다

### 아이의 균형감각을 키우는 간단한 놀이

### 똑똑해지려면 균형감각이 중요하다

어린아이는 가만히 있지 못하고 계속해서 움직이고 싶어 하는 시기가 있다. 팔짝팔짝 뛰고, 몸을 좌우로 흔들고, 깡충깡충 춤추고, 때로는 걱정스러울 만큼 머리를 마구 흔들어대기도 한다.

==뜻밖에도 균형감각과 운동 기능은 학습 능력과 관련이 있다.== 뇌과학자인 리즈 엘리엇에 따르면 높은 수준의 정서적 능력과 인지 능력은 균형감각과 운동 능력의 바탕 위에 만들어진다고 한다. 몸의 균형과 움직임을 담당하는 기관은 전정계vestibular system(귀의 가장 안쪽 부분에 위치한 기관—옮긴이)인데, 정서 문제, 주의력 결핍, 학습 장애, 자폐증이 있는 아이는 전정계에 문제가

있음이 밝혀진 것이다.

아이의 균형감각을 키워주기 위한 간단한 놀이가 있다. 똑바로 누워서 양 무릎을 가슴 가까이 구부려 비행기 태우기 자세를 잡은 후에 아기 배를 정강이에 대고 양손을 잡는다. "리, 리, 릿 자로 끝나는 말은…" 하고 노래 부르며 다리를 들었다 내렸다 하면서 아기를 위아래로 움직여준다. "개나리 보따리 대싸리 소쿠리" 하며 아기의 양팔을 헤엄치듯 움직여주고, "유리 항아리!" 하며 아기의 양어깨를 손바닥으로 잡고 다리를 더 올려서 아기 발의 위치가 머리보다 높아지게 한다. 다리를 내리고 아기를 바닥에 누인 후 마무리한다.

## 아기를 달랠 때는 움직이자

어린아이를 움직이게 하면 아기를 진정시키는 데 도움을 준다. 연구자가 생후 2~4일 된 신생아의 부모에게 아기를 달랠 때 이리저리 흔들거나 안고 걸으면서 달래게 했더니 가만히 안아서 달래는 것보다 효과가 더 좋았다.

또 아기를 다양한 자세로 움직이게 하면 아기의 발달 과정에도 도움을 준다는 연구 결과도 있다. 한 실험에서 부모에게 회전 의자에 앉아 신생아를 다리에 눕히게 한 다음 실험자가 의자를 돌렸다가 급히 멈추고 30초 후에 똑같은 행동을 반복했다. 또한 반고리관에 영향을 주어 평형감각이 발달할 수 있도록 아기 머리를 앞으로 30도 기울인 자세, 오른쪽으로 기울인 자세, 왼쪽으로 기울인 자세로 실험했다.

각 자세를 10회씩 1개월간 주 2회 지속한 결과, 실험에 참여한 아기는 실험에 참여하지 않은 아기에 비해 유연성이 높아졌으며 앉기, 기기, 서기, 걷기를 더 잘했다.

## 51

## 한 시간에 15분, 아이도 엄마도 '움직이는 시간'을 갖는다

**일상생활에서 몸을 건강하게 움직이는 방법**

### 운동은 뇌에 수많은 효과를 가져다준다

운동은 두뇌와 신체에 크나큰 효과를 발휘한다. 운동을 하면 문제 해결 능력, 추상적 사고 능력, 장기 기억, 논리적 사고 능력, 집중력 등이 강해진다. 반면 불안, 스트레스, 우울감은 줄어든다. 어떻게 그런 효과가 나타나는 걸까? 몸을 움직이면 다음과 같은 일이 일어나기 때문이다.

— 뇌에 산소를 충분히 공급한다.
— 신경 세포를 생성, 보호한다.
— 뇌신경 성장인자brain-derived neurotrophic factor 호르몬을 증가시

켜 독성 스트레스 호르몬을 제거한다.
— 우울증 등의 기분 장애를 억제하는 노르에피네프린, 세로토닌, 도파민과 같은 신경전달물질이 방출된다.

## 앉아만 있으면 몸에도 뇌에도 해롭다

'앉아만 있는다'란 온종일 소파에 앉아 포테이토칩을 먹으며 TV를 보는 것만을 뜻하지는 않는다. 사무직이어서 하루 대부분을 앉아서 생활하는 사람은 따로 운동을 하더라도 만성질환에 걸릴 위험이 높아진다.

하버드 대학교 진화생물학자인 다니엘 리버만은 수렵채집 생활을 하던 인류의 선조는 하루에 8.5에서 14.5킬로미터를 걸어 다녔다고 추정한다. 현대인의 뇌도 그만큼의 운동량이 필요하다. 하루에 최소한 30분은 숨이 가쁠 정도로 운동해야 하고, 그 밖에 일상생활을 하는 시간에도 틈틈이 움직여줘야 한다.

온종일 아이를 돌보며 집안일을 해야 하는 전업주부라면 잠시 앉아서 쉴 틈도 없을 지경일 것이다. 그런 사람이 아니라면 자동차에서, TV 앞이나 책상에 앉아서 보내는 시간을 줄일 방법을 진지하게 고민해봐야 한다.

어린아이도 어른과 마찬가지다. 걸음마를 시작한 아이라면 아장아장 걸어 다녀야 한다. 딸아이가 다니는 소아과 의사 선생님이 해준 최고의 조언은 "낮에 충분히 운동시켜라"다. 집 밖에 데리고 나가지 않은 날이면 딸은 투정이 심해지고 낮잠을 잘 자지 않았으며 밤에 그만큼 더 놀아줘야 해서 진땀을 빼곤 했다. 우리 집의 경우 아이의 짜증에 가장 좋은 약은 산책이었다.

아이가 좀 더 크면 하루에 최소 한 시간은 달리기, 줄넘기, 농구, 수영, 축구 등의 유산소 운동이 필요하다. 한 시간에 최소 15분은 몸을 움직이게 하자.

**최강의 육아 플러스**

### 하루 종일 앉아 있는 생활과 질병의 관계

여러 해에 걸친 노화 관련 연구의 데이터를 이용해 마흔다섯에서 예순넷까지의 중장년층 6만 3,000명을 조사했더니 하루 네 시간 이상 앉아서 생활하는 사람은 심장병, 암, 당뇨병, 고혈압에 걸릴 확률이 네 시간 미만인 사람보다 압도적으로 높다는 결과가 나왔다.

## 구체적으로 생각하고 바로 움직이자

30분 동안 격렬한 운동을 한다면 무엇을 하겠는가? 날짜나 시간, 장소까지 구체적으로 생각해보자. 그리고 실행에 옮기자. 당장 움직여야 한다.

하지만 아이를 가진 부모가 운동하기 위해서는 특별한 팁이 필요하다. 우선, 보육 시설을 갖춘 피트니스센터나 요가 학원을 찾아본다. 아이의 낮잠 시간을 제외한 시간대에 다닐 수 있는 곳을 알아보자. 전업주부라면 달력에 수업 시간을 전부 표시해두고 시간이 맞을 때마다 참석한다. 아니면 요가나 수영 등 부모와 아이가 함께하는 운동 교실을 알아보자. 아이와 함께하면 혼자 할 때보다 운동량은 적을 수 있지만 아이와의 유대 관계도 좋아지고 몸도 움직일 수 있다.

같이 운동하는 친구를 만들면 더 좋다. 아이의 낮잠 시간대가 비슷하거나 외출 시간을 유연하게 바꿀 수 있는 사람이 이상적이다. 아기가 아직 어릴 때는 외출하는 것만도 보통 일이 아니기 때문이다. 아이가 잠에서 깨기 전 이른 아침이나 아빠가 아이에게 아침을 먹이는 동안 만나서 함께 운동할 수 있는 사람도 좋다.

운동을 꼭 해야 한다는 강박 관념에 시달릴 필요는 없다. 하이킹이든 춤이든 자기가 좋아하는 취미 활동을 즐기면서 한바탕 땀까지 흘리면 일거양득이라는 마음가짐이면 충분하다. 좋아하는 활동을 즐겨보자.

운동을 할 수 있는 별도의 시간을 도저히 낼 수 없다면 일상생활에서 몸을 움직이는 방법을 연구해보자. 오랫동안 앉아서 지내지 않을 방법을 구체적으로 생각해보고 바로 움직여보자.

- **차를 타지 않는다**

차로 가면 10분 만에 도착하는 레스토랑에 40분 동안 걸어가보자. 걸으면서 대화도 많이 나눌 수 있고 주변 경치도 즐길 수 있어서 기분이 상쾌해진다.

운동 삼아 걸어가기 적당한 거리에 있는 슈퍼마켓이나 편의점을 이용하자. 8킬로미터 떨어진 가게를 자전거로 가면 30분쯤 걸린다. 필요한 물건도 사고 '30분 운동'도 해결된다.

속도보다 운동을 중시하면 관점이 달라진다. 걸어가거나 자전거를 타고 가다가 중간에 버스나 전철을 타면서 조금씩 운동량을 늘려도 좋다.

- **내가 운동을 못 하는 이유를 글로 써본다**

나는 운동을 할 수 없다고 생각하는가? 그렇다면 이유를 종이에 써내려가 보자. 다 쓴 다음에는 그 이유를 극복할 방법도 옆에 적어보자. 예를 들어 자전거를 탈 수 없다고 생각한 이유가 길을 몰라서라면 구글 지도로 경로를 조사해서 거리뷰로 미리 살펴보기 등의 해결책이 있다. 비를 맞으며 걷고 싶지 않아서라면 우비 등의 적당한 보호장비를 마련해 시도해본다는 대응책도 있다. 직접 맞닥뜨려보면 생각만큼 끔찍하지 않을지 모른다. 못 하는 이유를 파고 들어가다 보면 할 수 있는 방법이 떠오르기 시작한다.

- **책상 앞에서도 앉지 않는다**

책상 앞에 의자가 있으면 하루 여덟 시간을 줄곧 앉아서 보내기 쉽다. 다행히 선 채로 업무를 보는 스탠딩 책상은 이제 어렵지 않게 찾아볼 수 있다.

- **불편함을 선택한다**

사무실이 20층에 있더라도 엘리베이터 대신 계단을 이용한다. 유모차 대신 아기띠나 백팩형 캐리어를 사용한다. 짧은 거리라도 걷는 대신 뛴다. 가능한 한 입구에서 먼 곳에 주차한다. 사람은 본능적으로 편안함을 추구하므로 불편함을 선택하기 위해서는 항상 의식해야 한다.

- **전업주부처럼 집안일을 한다**

만일 당신이 아이를 키우는 전업주부처럼 하루를 보낸다면 온종일 서서 지낼지도 모른다! 요리하랴 빨래하랴 이리저리 뛰어다니고, 바닥에 있는 장난감을 줍거나 아이를 안아 올리거나 엎질러진 음료를 닦느라 수차례 허리를 구부렸다 펴고, 아이 기저귀나 옷을 갈아입히느라 한바탕 레슬링을 벌이며, 바깥 공기를 쐬고 싶어지면 산책을 할 것이다. 경험상 전업주부가 하루 종일 앉아 있는 일은 없다.

8장

아이와 부모가
행복하게 성장하는
느림의 기술

아이는
느릿느릿 움직입니다.

주변의 모든 것을
스펀지처럼 흡수하죠.

하던 일을 멈추고,
디지털기기를 내려놓으세요.

시간이 조금 더
들더라도 아이와 함께
집안일을 해보세요.

함께하는 시간이
늘어날수록 육아가
즐거워집니다.

아이의 속도에 맞춰
즐겨보세요.

## 52

## '지금'에 집중하면
## 뇌가 성장한다

행복감과 자존감을 높이는 아이의 '걷기 명상'

### 명상은 두뇌를 단련하는 운동이다

'지금, 여기'만 생각하는 시간을 마련하자. 연구 결과에 따르면 평소 명상을 꾸준히 하는 사람은 다음과 같은 특징이 있다.

— 기억이나 학습과 관련된 뇌 영역에는 회백질(중추 신경계의 주요 구성 요소—옮긴이)이 많고 스트레스와 관련된 뇌 영역에는 회백질이 적다.
— 대뇌피질에 주름이 많고, 따라서 신경 세포도 많다. 명상을 오래할수록 주름의 수가 늘어난다는 사실이 입증되면서, 뇌는 20대 초반부터 계속 퇴화한다는 기존의 사고방식이 틀렸음

이 밝혀졌다.
— 공감 능력이 높다. 누군가가 고통스러워하는 목소리를 들으면 공감과 관련된 뇌 영역이 강하게 반응한다.
— 집중력을 오래 유지한다.

〈뉴욕타임스〉에서는 명상을 "뇌를 위한 벤치프레스(폭이 좁은 벤치에 누워 역기를 올렸다 내렸다 하는 운동―옮긴이)"라고 표현했다. 고요는 인내와 노력이 따르는 정신적인 훈련이기 때문이다.

명상의 목적은 눈을 감고 앉아서 마음을 비우는 것이 아니다. 호흡에 집중하고 마음속에 떠오르는 숱한 잡념을 떨쳐내면서 끊임없이 '지금, 여기'로 의식을 되돌리는 작업이다. 마음은 쉽게 산만해지므로 몇 초 이상 지금 이 순간에만 의식을 집중하는 데는 노력이 필요하다.

집중력이 좋은 사람은 뇌에 입력된 정보를 유지하고 활용하는 능력인 작업 기억이 뛰어나다. 한 연구에서 대학생들에게 2주 동안 명상하게 했더니 작업 기억이 향상하고 딴생각을 하는 시간이 감소했다. 또한 미국 대학원 입학 자격시험GRE에서 언어 영역의 평균 점수가 13퍼센트나 높아졌다.

## 아이에게는 '걷기 명상'을 시킨다

아이는 오랫동안 가만히 앉아 있지 못한다. 하지만 5분 동안 잠자코 걷는 것도 아이에게는 명상이 된다. 몬테소리 학교에서는 아이들 손에 종을 쥐여주고 소리가 나지 않게 주의하면서 걷게 한다.

열 살이 넘으면 조용한 장소에 편안히 앉아서 호흡에 집중하는 법을 알려주자. 배꼽 위에 손을 올리고 호흡이 들고나는 감각을 느끼게 한다. 호흡할 때마다 "사랑", "나", "옴om" 같은 단순한 말을 되뇌면 마음을 가다듬는 데 도움이 된다.

미국 디트로이트 시의 차터 스쿨(미국의 공교육이 안고 있는 문제의 대안을 찾고자 설립된 자율형 공립학교. 한국의 대안 학교와 유사하다—옮긴이)인 나타키 탈리바 스쿨하우스에서는 5~8학년생들에게 하루 두 차례 10분씩 눈을 감고 만트라(산스크리트어로 '마음을 다스리는 도구'라는 뜻. 특정한 단어나 어구를 반복해서 읊는 것으로, 앞에서 언급한 '사랑', '나', '옴'도 만트라의 일종이다—옮긴이)를 암송하게 한다. 이 학교 학생들은 디트로이트 시의 명상을 하지 않는 다른 학교 학생에 비해 ==행복감과 자존감이 높고 스트레스 지수가 낮으며 사회성이 좋다는 데이터가 있다.== 기억해둘 만한 결과다.

## 지금 '이 순간'을 음미한다

지금 이 순간 하는 일에 집중하려고 노력하는 것은 명상을 연습하는 강력한 방법이다. 일상에서도 명상하는 방법을 소개한다.

### • 식사하면서 연습한다
음식을 천천히 씹고, 입 안에서 느껴지는 감촉과 맛에 정신을 집중하고, 씹을 때 나는 소리에 귀를 기울이고, 혀의 움직임과 삼킬 때 목구멍에서 느껴지는 감각에 의식을 몰두해보자.

### • 회의하면서 연습한다
앉아 있을 때 등과 다리 근육이 어떻게 움직이는지 느껴보자.

### • 등산하면서 연습한다
멀리서 들려오는 새의 지저귐, 시냇물이 흐르는 소리, 바람에 잎이 바스락거리는 소리 등 숲의 희미한 소리가 들려올 때까지 가만히 멈춰 서보자.

　명상 훈련에 도움이 되는 방법이 하나 있다. 어른들끼리 해도 좋고 조금 나이를 먹은 자녀와 함께해도 좋은 방법이다. 둘이 편안한 자세로 가까이 마주 앉아서 한 사람이 "지금 무엇을 느끼고 있어?" 하고 묻는다. 질문을 받은 사람은 "밖에서 들리는 새소리", "가슴이 점점 뜨거워지고 있어", "어딘가로 숨고 싶어" 등 감각이든 감정이든 생각이든 머릿속에 떠오른 것을 말로 표현한다. 그러면 질문한 사람은 "고마워" 하고 대답한다. 지금 이 순간에 가치를 두고 자신의 질문에 솔직하게 답해준 데 대해 감사를 전하는 것이다. 그 후 한두 차례 깊이 호흡하고 같은 질문을 다시 한다. 이 질문과 대답을 5분간 되풀이한 후 질문자와 응답자의 역할을 바꾼다.

이것은 시애틀의 요가 지도자인 브렌트 모턴이 내가 참석한 요가 수련회에서 가르쳐준 방법이다. ==질문과 대답을 반복하다 보면 점점 더 깊이 있는 대답이 나온다.== 불안정한 마음을 있는 그대로 드러내다 보면 상대방과 유대감이 더욱 공고해진다. 이 방법은 감정을 언어로 표현하는 연습도 된다.

> **최강의 육아 플러스**

## '지금'에 집중하게 하는 세 가지 질문

한 어린이 태권도 교실에서는 자기 자신에게 세 가지 질문을 하도록 지도한다.

- "나는 어디에 있는가?"
- "나는 무엇을 하고 있는가?"
- "나는 무엇을 해야 하는가?"

첫 번째 질문은 학생들이 '지금, 여기'에 집중하게 한다. 두 번째 질문은 구체적이고 명확한 목표에 초점을 맞추게 한다. 세 번째 질문은 지금 하고 있는 일이 목표를 달성하는 데 도움이 되는지 확인하게 한다.

나는 이 세 가지 질문을 언제 어디서든 확인할 수 있도록 수첩에 적어두었다. 아이의 거의 모든 활동에 활용할 수 있는 질문이기 때문이다. 사실 어른인 나한테도 상당히 유용하다.

> ## 53
> 
> # 남과 비교하는 것은
> # 아무 의미가 없다
> 
> ### 아이들은 저마다의 속도로 다르게 성장한다

## "우리 애는 ○○도 할 줄 알아!"
## 라는 말을 들었을 때

친구 중 하나가 "우리 애는 이제 앉기(기기, 걷기, 말하기, 기어오르기)도 할 수 있어" 하며 자랑스럽다는 듯 말하는 지인에게 올바르게 반응하는 방법을 발견했다. "벌써!?"라고 답하는 것이다.

상대방이 그런 반응을 보이면 누구라도 흡족해하지 않을까? 부모라면 내 아이가 아주 조금이라도 남보다 앞서나가길 바라니 말이다. 하지만 실제로는 다른 아이와 비교해봤자 아무런 의미가 없다.

## 똑같은 뇌는 단 하나도 없다

뇌의 발달 과정은 아이마다 다르다. 시기도 순서도 제각각이다. 건너뛰기도 하고 거꾸로 돌아가기도 하고 똑같은 과정을 되풀이하기도 한다. 발달 단계를 연령별로 구분하는 데 대해서조차 논란이 분분하다. 뇌는 정말이지 신비로움 그 자체다.

또한 뇌는 유전과 경험을 통해 형성되므로 일란성 쌍둥이의 뇌라도 완전히 똑같을 수 없다.

## 연령별 발달 과정을 미리 공부해둔다

그러나 아이의 일반적인 발달 단계를 미리 알아두면 비현실적인 기대감을 버릴 수 있다. 생후 3개월 된 아기가 밤새도록 안 자고 칭얼거리는가? 18개월 된 아기가 엄마를 때리기 시작하는가? 네 살 된 아이가 갑자기 장난감이나 음식을 친구와 나누지 않으려고 하는가? 이런 행동은 모두 '정상'이다.

우리 아이의 발달을 친구 아이나 인터넷에 올라온 글과 비교하면서 지나치게 걱정하거나 뿌듯해하지 말자. 그리고 친구가 아이의 발달을 자랑스럽게 이야기하면 "벌써?" 하며 친구를 기쁘게 해주자.

## 54

## 워킹맘과 전업주부, 어느 쪽이 좋을까?

**수입이 줄어도 즐겁게 생활하는 요령**

### 엄마는 어떤 방식으로 일을 해야 할까?

미국 여론조사기관인 퓨 리서치센터에서 2013년 시행한 여론조사 결과에 따르면, 남편이 있거나 가계 총소득이 연간 5만 달러(약 5,000만 원) 이상인 가정의 엄마에게 "아이가 어릴 때 엄마는 어떤 방식으로 일을 하는 것이 좋을까?"를 묻자, 75퍼센트는 파트타임이나 전업주부가 이상적이라고 답했다.

현재 전일제 근무를 하고 있는 엄마에게 묻자, '시간제 근무를 하고 싶다'가 44퍼센트, '전업주부 생활을 하고 싶다'가 9퍼센트였다. 또 현재 전업주부인 엄마에게 묻자, '시간제 근무를 하고 싶다'가 40퍼센트, '전업주부 생활에 만족한다'가 36퍼센트였다.

## 종일 육아는 정신을 지치게 한다

미취학 자녀를 둔 엄마 중 시간제 근무자를 대상으로 한 설문조사 결과는 다음과 같다.

- 전업주부보다 우울증이 적다.
- 전업주부보다 전반적으로 건강하다.
- 정신 건강에 영향을 미치는 사회적 고립을 덜 느낀다.
- 새로운 기술을 습득하는 능력이 뛰어나다.(이것도 정신 건강에 영향을 미치는 요인이다.)
- 전일제로 근무하는 여성에 비해 일이냐 가정이냐라는 갈등이 적다.
- 전일제로 근무하는 여성이나 전업주부보다 아이를 더 세심하게 돌본다.

이 결과를 보고 나는 '역시 예상대로군' 하고 생각했다. <mark>몇 시간씩 연달아 아이를 돌보는 것은 정신적으로 너무나 고된 작업이다.</mark> 가령 뇌의 활동만 보더라도 항상 집중력을 유지하면서 끊임없이 이어지는 아이의 요구를 속속들이 알아차려야 하며 늘 자제력을 잃지 않고 교감해줘야 한다.

그런데도 대부분의 엄마는 잠시 아이를 어린이집에 맡기는 데에도 죄책감을 느낀다. 우울증에 걸릴 정도는 아니더라도 압박감과 스트레스를 느끼는 사람이 꽤 많다.

하지만 나는 늘 아이와 함께 지낼 때보다는 시간제로 근무할 때 훨씬 더 좋은 엄마일 수 있었다. 조금 재충전하고 나면 아이와 더 잘 지냈다.

나는 일을 하면서 지적인 자극과 만족감을 얻었다. 육아로 인해 경력과 인맥이 완전히 단절되지 않았다는 안도감도 느꼈다. 그와 동시에 딸과 함께 보내는 '느긋한 시간'을 소중히 여기게 됐다. 곤충이 잠시 쉬려고 바닥에 내려와 앉기를 한참 기다렸다가 붙잡은 후에 하늘로 다시 날려 보낼 수 있는 여유로움도 느낄 수 있었다. 산책하던 도중에 발걸음을 멈추고 배수관으로 물이 빨려 들어가는 모습을 관찰하기도 했다. 차를 타고 서둘러 목적지로 향하기보다는 자전거로 시애틀의 아름다운 해안길을 달리기도 했다. 그리고 그런 생활들에서 행복을 느꼈다.

## 엄마는 누구나 똑같이 행복하다

물론 전일제로 근무하거나 전업주부인 엄마가 불행하다는 말은 아니다. 퓨 리서치센터의 조사에 따르면 아이가 취학한 후에는 전일제 근무를 하는 엄마와 전업주부인 엄마 모두 36퍼센트가

'매우 행복하다'고 답했다. 이때부터는 근무 형태보다는 혼인 여부가 행복감에 더욱 강력한 영향을 미치기 때문이다.

## 출산 전에 즐겁게 절약한다

하지만 일을 그만두거나 줄이는 것은 쉬운 선택이 아니다. 맞벌이를 그만둘 작정이라면 출산 전에 필요한 자금을 확보해두자. 급할 때를 대비한 최소한의 비상금 외에도 베이비시터를 쓸 돈을 모아두거나 주택담보대출금을 미리 상환해도 좋다. 무엇보다 절약이 가장 중요하지만 이것도 막상 해보면 의외로 꽤 즐겁다.

모든 음식을 직접 요리하면 맛과 영양이 풍부할 뿐만 아니라 아이와도 즐겁게 시간을 보낼 수 있다. 새것 대신 중고를 구입하면 옷을 입히자마자 얼룩이 묻거나 오줌을 싸도, 장난감을 잃어버려도 속이 상하지 않는다.

천 기저귀 빨래도 막상 해보면 생각만큼 힘들지 않다. 외출하는 대신 친구들을 집으로 초대해 함께 게임을 즐기면 친분도 더욱 두터워진다. 차를 갖고 나가는 일을 줄이면 이웃들과 더 많이 소통할 수 있다. 내 집 마련을 잠시 미루거나 몇 년간은 연금 저축 납입을 중단하는 방법도 효과적이다. ==꼼꼼히 계획을 세우면 적은 돈으로 얼마든지 즐겁게 생활할 수 있다.==

수입이 줄어도 생활을 잘 꾸려가는 가정은 단순히 운이 좋은 것만이 아니다. 노력도 인내도 하고 있는 것이다. 하지만 속도를 늦추면 인생이 훨씬 더 풍요로워진다. 소소한 추억을 쌓아가는 순간순간은 부모에게도 아이에게도 더없이 소중한 시간이다. '지금 이 순간'을 음미하자. 서두르거나 스트레스를 받거나 전화기를 들여다볼 필요는 없다.

## 55

## 육아란 근사한 여행!
## 아이가 선물한 시간을 마음껏 즐긴다

속도를 늦추면 함께 있는 시간이 더 즐거워진다

### 한적하고 근사한 섬 같은 아이와의 시간

한갓진 섬에서 휴가를 즐기는 첫날, 자기 걸음이 너무 빠르다는 사실을 깨달은 적이 있지 않은가? 하지만 조금만 시간이 지나면 새로운 환경에 적응해 여유를 되찾게 마련이다.

한가로운 분위기에 어울리지 않는 디지털 기기는 멀리하기 시작한다. 지나가는 사람에게 미소를 건네게 된다. 상대방도 나를 향해 미소 짓기 때문이다. 말투도 느긋해지고 시간의 흐름에 몸을 맡긴 채 하루를 보내게 된다.

카페에서 노신사 옆에 앉아 이야기꽃을 피운다. 공원 잔디밭에 누워서 흘러가는 구름을 바라보며 피부에 닿는 따스한 태양

빛을 느낀다. 마음이 편안하다. 평소의 정신없이 바쁘게 보내던 나날과는 천지 차이다.

아이는 한적한 섬에서 보내는 휴일을 선사한다. 당신이 그 속도를 받아들이기만 한다면 말이다. ==어린아이는 사람을 느긋해지게 한다.==

나와 딸아이는 다섯 블록 떨어진 공원까지 한 시간 동안 걸어서 간다. 딸은 아장아장 걷다가, 폴짝폴짝 뛰다가, 와다다다 달리다가, 뱅글뱅글 돈다. 때때로 멈춰 서서 조약돌을 나와 자신의 호주머니에 넣기도 한다.

길가에 놓인 재활용품 수거함의 바퀴를 만지작거리고, 땅 위로 튀어나온 나무뿌리를 관찰하고, 배수구로 흘러가는 물을 물끄러미 바라본다. 주차된 차의 색깔을 알아맞히고, 즐거운 듯 비행기를 가리키면서 "버스가 왔어!" 하고 외친다. 아무런 이유 없이 까르르 웃어젖힌다.

세상을 진심으로 즐기는 딸의 기분은 내게도 전염된다. 육아를 아이가 태어나기 전의 분주한 속도에 맞추려 하면, 딸은 기분이 나빠지고 나는 신경이 곤두설 것이다. ==아이의 속도를 받아들이면 함께 있는 시간이 더 즐거워진다.==

이런 시간은 길지 않다. 생각보다 아이는 금세 자란다. 아이와 함께하는 이 시간을 놓치지 말자. 건강하고 즐겁게 보낼 수 있도록 항상 준비하고 노력하자. 그리고 마음껏 즐기자!

## 행복하고 유능한 아이로 키우는 방법

아기는 느긋한 세상으로 당신을 초대한다. 이 책은 이를테면 그 세상으로 안내하는 초대장이다. 지금까지 이야기한 내용은 아래와 같다.

- 배우자나 친구, 아이와 '지금, 이 순간'을 즐기며 유대감을 키우는 방법
- 아이가 부모를 시험할 때 벌주는 게 아니라 가르치는 방법(긴 안목이 필요한 접근법이다.)
- 감정을 받아주고 공감해주는 일의 중요성
- 부모와 아이가 함께 움직이고, 놀고, 대화하는 방법
- 힘든 시기를 가능한 한 많이 웃으면서 극복하는 방법

이 책에서는 과학에 근거한 자료를 바탕으로 행복하고 능력 있는 아이, 즉 자신의 생각, 행동, 감정을 알아차리고 조절할 줄 아는 아이로 기르기 위한 실천적인 방법을 소개했다. 하지만 이 책을 읽는다고 해서 카펫이 주스 자국으로 얼룩지는 일이 사라지는 않는다. 바지를 안 입겠다며 발버둥 치는 아이에게 관대해지지도 않는다. 아이가 친구를 깨물거나, 엄마에게 거짓말하거나, 처음으로 "엄마 싫어!"라고 말하는 것을 막을 수도 없다.

육아는 누구에게나 고된 일이다. '완벽한 육아'란 존재하지 않는다. 숱하게 실수하는 자신을 너그럽게 받아들이자. 육아를 하다 보면 하루하루가 처음의 연속이다. 처음 맞는 4개월, 처음 겪는 14개월, 처음 맞이한 네 살…. 온종일 실수를 연발하는 날이 있다고 해서 그날 하루가 아이 인생을 전부 결정짓지는 않는다.

## 육아는 행복한 경험이다!

육아로 힘겨웠던 기억은 금세 희미해진다. 아이와 함께하는 더 많은 시간이 너무도 행복하기 때문이다. 조막만 한 손으로 당신의 손을 감싼 채 무릎 위에서 빵끗 웃는 아기를 보면 마음이 녹아내린다. 포동포동한 볼과 앙증맞은 발가락에 뽀뽀 세례를 퍼붓고 싶어진다.

걸음마를 시작하고 나면 엄마 신발을 거꾸로 신고 쿵쿵거리며 집 안을 돌아다닌다. "다녀왔어" 하는 아빠 목소리에 꺄악꺄악 소리를 지르며 현관으로 마중 나간다. 부모가 하는 일이면 무엇이든 흉내 내고 싶어 한다. 엄마, 아빠의 밥을 먹고 싶어 하고, 가방을 들고 싶어 하고, 옷을 입고 싶어 한다. 부모가 하는 말을 앵무새처럼 따라 하고 부모가 하는 일을 거들고 싶어 한다.

느닷없이 감동적인 말을 한다. 이야기를 해달라고 조르며 품에 파고든다. 깜찍한 목소리로 익살을 부린다. 뺨에 입을 맞추고 어깨에 머리를 기댄다. 잠들었을 때는 천사처럼 아름다운 표정을 짓는다. 화난 표정조차 너무나 사랑스러워서 웃음이 터져 나오게 한다.

오늘만 해도 딸아이가 낮잠을 안 자겠다고 고집을 피워서 난감해하고 있었는데 갑자기 침대로 올라가더니 "지금부터 옷을 벗을 거야!" 하고 외쳤다. 아이는 도무지 어디로 튈지 종잡을 수 없다!

하루에도 몇 번씩 아이와 웃고 놀면서 강렬한 애정과 자랑스러움과 경이로움을 느낄 것이다. 게다가 그렇게까지 누군가에게 사랑받기란 좀처럼 경험하기 힘든 일이다.

육아는 근사한 여행에 나서는 것과 같다. 이 책이 당신과 당신의 아이가 첫걸음을 내딛는 데 도움이 되기를 바란다.

마치며_
# 지도가 있으면
# 원하는 곳으로 가기 쉬워집니다

## '완벽한 육아'는 불가능하다

처음으로 부모가 된 당신은 어찌할 바를 모른 채 혼란에 빠져 있을 것입니다. 하지만 괜찮습니다. 누구나 다 마찬가지니까요.

아이가 생긴다는 것은 문화 충격입니다. 아무리 많은 시간 동안 임신과 출산을 준비해도 모든 일은 한꺼번에 물밀 듯이 현실로 들이닥칩니다. 아기가 왜 우는지, 무엇을 원하는지, 얼마나 먹여야 하는지, 얼마만큼 재워야 하는지 도통 알 수가 없습니다. 이런 기본적인 일에서 무력감이 밀려옵니다.

예전에는 보기만 해도 눈살을 찌푸렸던 토나 침, 대소변으로 범벅이 되는 일이 일상다반사입니다. 복도에는 세탁물이 켜켜

이 쌓여가고 집 안 곳곳에는 아기용품이 산을 이루고 있습니다. 이게 사람 사는 집인가 싶을 지경이죠. 감각도 예민해집니다. 멀리서도 아기 울음소리는 귀신같이 알아차리고, 자다가도 벌떡 일어나 아기가 무사한지 확인합니다. 시간도 의미가 없어집니다. 아기가 울부짖을 때면 몇 분이 몇 시간 같습니다. 아기를 품에 안고 눈을 맞추며 부드러운 뺨에 입맞춤할 때면 몇 시간이 몇 분처럼 훌쩍 지나갑니다.

아이를 키우는 일은 모험이지만, 대체로 만족스럽습니다. 게다가 신생아 때는 잠을 아주 많이 자서 부모가 아이와 함께하는 삶에 적응할 시간을 주기도 합니다. 하지만 대부분의 초보 부모는 수없이 많은 난관에 부딪힙니다. 산후 우울증이 오기도 하고, 좋은 부모가 되어야 한다는 강박관념 탓에 자기를 희생하면서까지 무리하기도 합니다. 아이가 조산아나 저체중아로 태어나기도 하고, 영아 산통으로 고생하기도 하며, 모유를 거부하기도 하죠.

우리 부부에게 찾아온 고비는 수면 부족이었습니다. 수유하는 데 두 시간이나 걸렸고 신생아 때는 세 시간에 한 번꼴로 젖을 먹여야 했죠. 저는 모유량이 많지 않았지만 모유 수유를 포기하고 싶지 않았습니다. 그래서 병원에서는 가슴에 가느다란 튜브를 붙이고 아기가 젖을 빠는 동안 주사기로 젖을 흘려보내는 방식을 알려주었습니다. 그렇게 '직수'를 고집했죠.

튜브를 고정하고 아기에게 젖을 물리기까지 걸리는 시간은 이루 말할 수 없이 길었고 그때마다 쓰디쓴 좌절감을 맛봐야 했습니다. 아기가 젖을 거부하기라도 하면 처음부터 다시 시작입니다. 무사히 젖을 물리고 나면 다른 쪽에서 똑같은 과정을 반복했습니다. 아기가 다 먹고 나면 남은 젖을 유축기로 짜냅니다. 이 모든 과정이 끝나고 나면 남편은 장비를 일일이 소독해야 했죠. 우리는 수면 부족으로 파김치가 되고 말았습니다.

남편과 나는 원래 부부 싸움을 거의 하지 않았습니다. 그런데 어느 샌가 '엎질러진 우유 때문에 울지 마라Don't cry over spilled milk(이미 벌어진 일은 되돌릴 수 없다는 의미의 관용구—옮긴이)'가 엄마에게 하는 말인지 아이에게 하는 말인지 같은, 아무래도 상관없는 일로 입씨름하기 시작했습니다. 감정은 양극단을 오갔습니다. 중간은 없었죠. 대낮에 길을 걷다가 느닷없이 울음을 터뜨린 적도 있었습니다. 어느 날, 남편이 불쑥 이런 말을 하더군요.

"부모가 되는 기쁨은 대체 어디에 있는 걸까?"

우리는 채 열흘도 되기 전에 주사기를 내팽개치고 젖병으로 바꿨습니다. 유축 횟수가 줄면서 밀린 잠을 보충할 수 있었습니다.

이렇게 우리 부부는 차츰 부모로서 맞이한 새 삶을 정의하고, 받아들이고, 하나하나 요령을 터득해나갔습니다. 당신 역시 그럴 것입니다.

## 아이가 선물하는 행복

육아는 어느 날 갑자기 쉬워지지 않습니다. 아이와 함께하면 하루에도 몇 번씩 롤러코스터를 탄 듯 감정이 요동칩니다. 좌절과 불안, 탈진으로 엮어낸 나날이 모여 크나큰 기쁨과 활력, 결단, 미소, 사랑의 순간을 선사합니다. 더없이 행복한 순간은 힘겨웠던 지난날의 기억을 말끔히 씻어줍니다.

나는 딸아이가 7, 8개월쯤 됐을 무렵의 어느 화창했던 하루를 기억합니다. 숲이 울창한 아름다운 공원을 거닐며 아이에게 나무에서 잎이 어떻게 떨어지는지 설명해주었습니다. 그네에 앉아 딸이 나와 마주보게 무릎에 앉혔습니다. 딸아이는 그네를 타는 동안 내 가슴에 기댄 채 만족스러운 미소를 머금고 있었습니다. 나는 행복으로 가슴이 벅차올라 큰 소리로 웃으며 딸을 꼭 껴안았습니다. 그리고 "엄마는 널 정말 정말 사랑해" 하고 말해주었죠.

이런 순간은 사람과 사람의 깊은 관계에서 비롯됩니다. 당신은 가끔 친구나 사랑하는 사람에게 그런 느낌을 받을 것입니다. 하지만 아이와 함께라면 하루에도 몇 번씩 그 순수한 감정을 느낄 수 있죠. 그런 감정은 삶에서 가장 중요한 것이 사람과의 관계라는 사실을 일깨워줍니다.

어쩌면 이것이 베테랑 부모들이 초보 부모에게 육아가 얼마나 고되고 힘든 일인지 말해주지 않는 이유 아닐까요? 만일 그렇다면 고개가 절로 끄덕여지는 이유입니다.

## 아이가 멋지게 성장한 모습을 상상해본다

당신의 아이가 어른이 된 모습을 상상해보세요. 아이가 어떤 일을 하길 원하나요? 어떤 가치관을 가진 사람이길 바라나요? 어떤 삶의 지혜를 쌓았으면 싶나요? 당신, 가족, 친구, 배우자와는 어떤 관계를 맺었으면 좋겠습니까?

처음에는 아이가 성장한 모습을 떠올리기 어려울지도 모릅니다. 우리 부부도 그랬으니까요. 우리는 시애틀에서 활동하는 육아 전문가인 니타 탈워의 도움을 받아 연습했습니다. 남편과 나는 하루하루를 버텨내기에 급급해서 아이의 20년 후를 떠올릴 여유가 없었습니다. 아이의 다음 낮잠 시간에 대해 생각하느라 더 많은 시간을 소비했죠. 하지만 차츰 미래를 상상하는 능력을 키울 수 있었습니다.

니타는 "지도가 있으면 원하는 목적지에 도달하기 더 쉬워요"라고 조언했습니다. 당신이 중요하게 여기는 능력과 성격을 명확하게 정해두면 어떤 부모가 될지 결정하는 데 도움이 됩니다. 남편과 나는 '생각을 조리 있게 말하는 훌륭한 대화 상대'로 정했습니다. 우리는 작가이고 편집자이니 어찌 보면 당연한 결정이었죠. 나는 원래 말하기보다는 듣기를 좋아하는 사람입니다. 하지만 내 성향을 무시한 채 아이를 위해 최대한 말을 많이 건네려고 노력했습니다. 만약 우리가 어디에 가치를 두는지 돌아보지 않았다면 아마도 나는 끊임없이 무리했을 것입니다.

아이가 배우자와 건강한 관계를 유지하며 깊이 사랑하길 바라나요? 그렇다면 아이에게 그런 관계를 보여줘야 합니다. 아이가 다른 사람을 존중하고 공감하길 바라나요? 그렇다면 당신이 모범을 보여야 합니다. 아이가 스스럼없이 남을 돕길 바라나요? 그렇다면 당신이 다른 사람을 도와줘야 합니다. 아이가 상처받지 않고 침착하게 문제를 해결하길 바라나요? 그렇다면 당신이 먼저 그렇게 해야 합니다. 아이가 좋은 부모에 대해 어떤 이미지를 가졌으면 하나요? 아마 당신은 답을 알고 있을 것입니다.

**내가 만드는 또 하나의 육아서**

20년이나 30년 후에 성인이 된 아이가 어떤 가치관과 삶의 지혜를 갖길 바라는지 적어보세요. 그런 아이로 키우려면 당신이 어떻게 변해야 모범을 보일 수 있을까요? 어쩌면 조금씩은 삶에 변화를 주어야 할지도 모릅니다. 물론 내키지 않을 수도 있겠지요. 나도 어떤 날에는 내가 할 수 있는 최선을 다하고 있노라고 자부합니다. 하지만 또 다른 어떤 날에는 내 모습을 보면 깜짝 놀라며 아이를 위해 더 나은 사람이 돼야겠다고 다짐합니다.

<mark>아이를 키우다 보면, 부모는 아이와 함께 자신도 성장하고 있음을 깨닫게 됩니다.</mark> 매일 달라지는 아이의 모습을 바라보며 이 순간을 절대 잊지 못할 것이라고 생각하지만, 아이와 함께하다 보면 어제 일조차 가물가물합니다. 그래서 나는 임신했을 때부터 꾸준히 '하루 한 줄 일기'를 썼습니다. 하루에 한 줄은 꾸준히 지속하기에 적당한 양이죠. 며칠에 한 줄이어도 괜찮습니다.

나는 5년간의 하루를 한 페이지에 쓰도록 구성된 5년 다이어리를 사용합니다. 한 줄 일기는 몇 년 전 같은 날에 무슨 일이 있었는지 떠올리기에 좋습니다. 그리고 딸이 자라서 일기를 읽는다면 어떤 느낌이 들지 기대하는 재미도 쏠쏠하죠.

일기가 됐든 사진이 있는 간단한 메모가 됐든 아이가 성장하는 모습을 기억해두세요. 그리고 부모로서 성장하고 있는 자기 자신의 모습도 함께 적어보세요. 당신의 아이가 부모가 돼서 같은 고민을 할 때 훌륭한 조언을 해줄 수 있을 것입니다.

여러분이 아이와 함께 원하는 곳으로 가실 수 있기를 함께 빌어봅니다.

**옮긴이 정세영**

외국계 기업과 디자인 회사에서 사회 경험을 쌓았다. 삶의 지혜가 담긴 책과 시야를 넓혀주는 언어를 스승처럼, 친구처럼 여겨 왔다. 지금은 책과 언어에 둘러싸여 생활하며 저자와 독자의 징검다리 역할에 전념하고 있다.

# 최강의 육아

초판 1쇄 발행 2018년 6월 7일
초판 24쇄 발행 2024년 1월 17일

지은이 트레이시 커크로
옮긴이 정세영
발행인 강선영·조민정

펴낸곳 ㈜앵글북스
주소  서울시 종로구 사직로8길 34 경희궁의 아침 3단지 오피스텔 407호
전화  02-6261-2015
팩스  02-6367-2020
메일  contact.anglebooks@gmail.com

ISBN 979-11-87512-29-5 13590

· 이 책은 저작권법에 의해 보호를 받는 저작물이므로 무단 전재와 복제를 금하며
· 책 내용의 전부 또는 일부를 사용하려면 반드시 저작권자와 ㈜앵글북스의 서면 동의를 받아야 합니다.
· 잘못된 책은 구입처에서 바꿔드립니다.